ボクシング元世界チャンピオン

飯田覚士（いいださとし）の おうちで簡単 ビジョントレーニング

元WBA世界スーパーフライ級王者
日本視覚能力トレーニング協会代表理事 飯田覚士 著

BASEBALL MAGAZINE SHA
株式会社ベースボール・マガジン社

はじめに

あちこちぶつかって、よく転ぶ、
足が遅い、
ボール遊びで顔でボールを受けてしまう…

お子さんの運動面での弱点や不得意なことを、
"どんくさい"＝「運動神経がないからしかたがない」と
あきらめていませんか？

でも、それは『見る力』がついていないせいかもしれません。

「見る力」といっても「視力」だけのことではありません。
ものをしっかり眼で見て、その情報を脳で処理し、
体の動きにつなげる力のことです。

この見る力をつける『ビジョントレーニング』で、
苦手だった運動ができるようになった子がたくさんいます。

今からでも遅くありません。
ビジョントレーニングで、お子さんの可能性を広げましょう。

体を動かすのが好きではなく、スポーツが苦手で、運動会がゆううつ…。
そんな悩みを持つお子さんに、「ビジョントレーニング」をおすすめします。
「見る力」を上げたお子さんの眼に映る世界は、きっと生き生きと輝いたものに変わるでしょう。

こんな子が
ります

足が遅い…

体の中に水平・垂直といった感覚が育っていないと、体がフラフラしてまっすぐに走れません。周囲を良く見ながら体を動かすことで垂直のラインを知り、体に「中心線」をつくると、フォームが良くなります。

安定した走りでスピードアップ

球技が苦手…

ボールを眼でしっかりととらえて追いかけ、敵とボールの速さや自分との距離を把握する力をつければ、ボールを受けそこなったり、空振りしたりといったことはなくなっていきます。

ボールへの反応が良くなる

ビジョントレーニング

この本で変わ

ダンスがぎこちない…

見たお手本のイメージ通りに体を動かすことができないと、ギクシャクした動きになってしまいます。眼と体の連携を高めると、体を上手にコントロールできるようになります。

身のこなしがスムーズに

大なわ跳びに入っていけない…

まず、なわの動きに眼がついていけるようにします。さらに、空間を認識する力を高めることで距離感がはかれるようになり、タイミングに合わせて体を動かせるようになります。

入るタイミングを読めるようになる

おうちで簡単 ビジョントレーニング
もくじ

1章 The Basics

見る力を上げれば、今からでも運動ができるようになる

本当の「見る力」とは？　現代の子どもたちの「見る力」の実態と、運動に「見る力」が及ぼす影響についての基礎知識をおさえましょう。

運動ができる子・できない子の違いは「見る力」にあった！

本書を手に取られた方の多くが、お子さんの運動能力に問題を感じ、ご心配されていることでしょう。そのお子さんに、次のような傾向はないでしょうか。

□本を読むのが遅い　□字が上手に書けない　□右と左を混乱してよく間違える
□走るのは速いほうなのに球技はとても苦手など、なかなか改善できない弱点がある

一つでも該当する場合、運動神経ではなく「見る力」に問題を抱えている可能性があります。

こう言うと、お子さんの視力が良い方は驚かれるかもしれません。しかし、視力検査で測るのは、小さいものや遠くにあるものを映像として鮮明にとらえる力だけです。本書でお伝えする「見る力」とは、視力の良し悪しだけではない、もっと総合的な視覚能力のことを指します。

たとえば、あなたが運転する車の前に、突然ボールが転がってきたとします。「子どもが飛び出してくるかもしれない」、そう予想したあなたは、ボールまでの距離や車とボールの速さ、周囲の状況などを考慮して、急ブレーキを踏むべきか安全な方にハンドルを切るべきかを判断し、実際に行動に移すでしょう。このように、私たちは「眼で見る」「情報を分析して判断する」「行

動する」という一連のプロセスを、ほぼ無意識の間に、一瞬で行っています。この一連のプロセスこそ、総合的な視覚能力＝「見る力」なのです。

この力が養われていない子どもは、良いタイミングで適切に体を動かすことができず、運動が苦手になってしまいます。さらに、文字の読み書きが苦手だったり、自分のイメージ通りに体を動かせなかったりして、日常生活のあらゆることに問題が生じてしまうのです。

欧米などでは、こうした「見る力」を検査し、高めるためのトレーニングを行う「オプトメトリスト」という国家資格があり、専門家が多く活躍しています。しかし、日本では専門家の数も少なく、ビジョントレーニング自体、あまり知られていないのが現状です。この現状を踏まえ、一人でも多くの子どもに、「見る力」を高めてほしいという願いから、私は「飯田覚士ボクシング塾ボックスファイ」を開設しました。そして10年以上、子どもたちにビジョントレーニングを指導しながら、全国各地で講演会などの啓蒙活動を行ってきたのです。

まとめ

見る力（視覚能力）とは、視力だけでなく、ものを見て体を動かす総合的な力のこと。運動ができない子どもは、「見る力」が正しく身についていない可能性がある。

子どもを取り巻く環境の変化によって、「見る力」は急激に低下している

子どもたちにトレーニングを指導する中で、年々強く感じているのが、子どもたちの「見る力」の著しい低下です。

本来、見る力は成長の過程で自然と身につきます。

生まれたばかりの人間が、最初に自分の意志で動かせるようになるのが、眼だと言われています。動くものを眼で追いかけ、やがて手でつかむようになり、寝返りをうってハイハイをして、立ち上がって歩きだす。家族や友だちとの遊びを通して、走ったり飛び跳ねたりできるようになり、さらに会話や文字によるコミュニケーションの中で、相手の見ている世界や抱いている気持ちを想像するようになる…。そんな人間の成長の過程で、意識せずとも眼と体を動かし、五感を使ってものに触れることで、見る力は養われていくのです。

特に、幼児期に入ってからの外遊びは重要で、室内遊びの何倍も見る力を養う効果があると言われています。屋外で遊ぶと、目の前のおもちゃだけではなく、一緒に走り回る友だちや、その後ろに見える木や建物を見るなど、眼から入ってくる情報が非常に多くなります。また、室内よ

りも大きく体を動かすことができ、よりさまざまな視点や視界を体験することができます。眼にも体にも、良い意味での「刺激」が非常に多くある状態だと言えるのです。

しかし、最近は公園が少なくなったり、防犯の観点から長時間外で遊ぶことができなかったりと、屋外で体を動かす機会が激減しています。しかも、今の子どもは生まれたときからパソコンやスマートフォンがある環境です。室内にいて、体を動かすことなく、画面を見て過ごす時間が圧倒的に増えています。そのような生活では、眼球運動が減少し、眼球自体の動きが悪くなってしまいます。さらに、手や体を使って物体を触る機会が減少することで、そのものが実際はどんな形をしているのか認識することができなくなります。遊びの中で、体を傾けたり、揺らしたり、転がったりする機会が減ってしまえば、自分の体の軸である「中心線」を認識しづらくなってしまいます。この「中心線」が認識できない子どもは、自分の眼に映っている世界と体の動きを結びつけられず、体をコントロールすることも苦手になってしまいます。

まとめ

外遊びをしなくなっている子どもは「見る力」を養う機会が減っている。
自分の中に「中心線」が持てない子どもは、体がうまくコントロールできないことが多い。

ビジョントレーニングが子どもの可能性を広げる

このようなお話をすると、ビジョントレーニングは子どもが小さなうちに始めないと効果が出ないのではないか、と心配される方がいますが、そんなことはありません。眼の使い方や体の使い方を「再学習」することで、見る力は確実に高まります。大人でも、ビジョントレーニングを行うことで集中力がアップし、仕事のミスが減るといった効果が出ることがわかっています。また、スポーツ選手がパフォーマンスの向上に取り入れるケースも増えています。

実は私自身、プロボクサーだった現役時代にビジョントレーニングを行ったことで、リング上での動きが大きく変化しました。ビジョントレーニングと出合う前の私は、試合中にあごが上がってしまう悪癖がありました。スタミナのなさが原因だと指摘されていましたが、スタミナをつけても改善されませんでした。しかし、ビジョントレーニングと出合って「上目遣い」ができていないことがわかり、数ヶ月ほど眼のトレーニングを続けたところ、あごが上がる癖が改善されました。すると、パンチをよけたり相手の動きを読んだりする力が劇的にアップしたのです。世界チャンピオンになれたのもビジョントレーニングのおかげだと思っています。

現役引退後、ビジョントレーニングの理論をさらに学んで、子ども向けにアレンジして教えるようになったわけですが、見る力を身につけて別人のように変わる子どもを何人も見てきました。苦手だった運動を好きになったり、注意力が散漫で落ち着きがなかった子どもがグループでリーダーシップを発揮するようになったり…大げさに聞こえるかもしれませんが、ビジョントレーニングによって子どもの人生が変わっていったのです。

本当は能力があるのに、見る力が低いことで、運動や勉強が上達しない子どもたちがいます。「努力が足りない」と決めつけてしまっては、子どものやる気や自信を奪いかねません。

見る力が身についていないことで可能性が狭まってしまっている子どもに対して、できることを増やし、可能性の幅を広げてあげられるのがビジョントレーニングです。子どもの成長を目の当たりにした親御さんは、みなさん「やって良かった」と感激されます。読者のみなさんにもぜひ、その喜びを感じていただきたいと思います。

まとめ

ビジョントレーニングは子どもにも大人にも効果があり、何歳から始めても良いもの。見る力のついた子どもは、できることが増えて自信がつき、人生が変わっていく。

ビジョントレーニングで「見る力」を高めよう

ものを「見る」とは、眼で目標物をとらえ（入力）、その見た情報を脳で分析して認識し（情報処理）、処理した情報に応じて体を動かす（出力）プロセスをたどります。ビジョントレーニングとは、この「入力」「情報処理」「出力」の働きを高めていくもので、「見る力」、つまり総合的な視覚能力を上げます。この三つの働きを高めるために行うのが、次の3種類のトレーニングです。

①「入力」機能を高める「眼球運動トレーニング」
②「情報処理」機能を高める「視空間認知トレーニング」
③「出力」機能を高める「眼と体のチームワークトレーニング」

なお、三つの機能は連動しているので、連携がうまくいかなかったり、一つでも機能しないものがあったりすると、「見えにくい」状態となってしまいます。入門書である本書には3種類をまんべんなく掲載していますが、苦手なものが見つかれば集中的にやるのも効果的です。

では次のページから、3種類のトレーニングについて詳しくご紹介していきましょう。

①「入力」機能を高める「眼球運動トレーニング」

眼球運動トレーニングは、眼球を動かして見たいものを眼でとらえ、素早くピントを合わせる機能を向上させるトレーニングです。ビジョントレーニングでは次の三つの眼球運動を行うことで、眼で映像をとらえるための「入力」機能を高めます。

●追従性（ついじゅうせい）眼球運動…目標物を眼で追っていく動き

飛んでいる鳥や、本に書かれている文字などを眼で「追いかける」働きのことです。この機能が弱いと、本を読んでも文字を読み飛ばしてしまったり、きれいな文字が書けなかったり、はさみできれいに紙を切りにくかったりします。主に線や動いているものを眼で追うトレーニングを行うことで、対象をしっかりと眼でとらえられるようになります。

●跳躍性（ちょうやくせい）眼球運動…視点を瞬間移動させる動き

黒板とノートを交互に見たり、本を読むときに行のおしりから次の行の頭へと視点を移動させるなど、ある1点から別の1点へ視点を素早く移動させる働きです。この機能が弱い場合、球技がうまくできなかったり、黒板の文字を書き写すのが遅いといった傾向が見られます。トレーニングでは、離れた場所にある点と点を交互に見る練習などを行い、目的の場所に素早く眼を動かせるようにします。

●両眼のチームワーク…寄り眼と離し眼で焦点を合わせる動き

私たちは右眼と左眼を使ってものを見ています。近くのものを見るときには両眼を真ん中に寄せた「寄り眼」にして焦点を合わせ、そこから遠くのものを見るときには両眼を元に戻し「離し眼」にして焦点を合わせます。この働きが弱い場合は、ものが二重に見えたり眼が疲れやすくなったりします。また、距離感や立体感もつかみづらくなります。トレーニングでは寄り眼、離し眼を交互に繰り返したりすることで、焦点を合わせる力を鍛えます。

まとめ

ものを見るプロセスの入り口は、眼で目標物をとらえる「入力」機能。入力機能は「眼球運動」のトレーニングで向上させる。

②「情報処理」機能を高める「視空間認知トレーニング」

眼から入力した映像には、点や線、形、色、濃淡といった情報がありますが、その情報を脳で分析することによって、距離感や奥行といった立体的な三次元の世界を認知することができます。これを「視空間認知」といいます。空間をしっかり把握できると、スポーツであれば、状況に応じた適切なプレーを選択できるようになります。

視空間認知の働きにはいくつか種類があるので、例を挙げてご紹介します。

●「図」と「地」を区別する働き…見たいものだけをピックアップしてとらえる力です。テーブルの上にお皿に乗せたリンゴがある場合、図（見たいもの）と地（背景）を区別できれば、「リンゴ」だけを手に取ることもできるし、「お皿に乗ったリンゴ」を取ることもできます。この働きが弱いと、うまくものをつかめなかったりします。

●色や形を把握する働き…「茶色いテーブルの上に、白くて丸いお皿と赤いリンゴがある」というふうに、いろんな色や形を認識する能力です。お絵かきで色がうまく塗れないとか、図形の問題が苦手な場合は、この働きが弱い可能性があります。

●仲間を見分ける働き…複数の人が「あ」という文字を書いた場合、筆跡が違っていてもすべて「あ」であると認識する能力です。ロゴの文字が理解しづらい子や、漢字がなかなか覚えられない子は、この働きが弱い場合があります。

●空間的な位置を把握する働き…テーブルの上に置かれたリンゴを見て、その大きさや自分との距離、上下左右などを立体的に認識する能力です。ものを落とさず上手につかんだり、障害物をよけるために必要で、人やものにぶつかりやすかったり、球技を苦手とする場合は、この働きが弱い可能性があります。

視空間認知は、幼児期にものを見て触ったり動かしたりといった動作を繰り返すことで発達していきます。視空間認知トレーニングでは、見本の形を記憶して絵で再現するとか、記憶した形を頭の中で反転させるなどの練習を行うことで、脳の情報処理の機能を向上させます。

まとめ

眼でとらえた情報は、「情報処理」機能によって脳で分析・認識をする。この働きは、入力した情報から色や形、距離感などを正しくとらえる「視空間認知」をトレーニングして向上させる。

③「出力」機能を高める「眼と体のチームワークトレーニング」

三つ目は、脳で処理した情報に反応して、適切に体を動かすためのトレーニングです。「チームワーク」という言葉の通り、「眼で見ること」と「体を動かすこと」は連携していなければなりません。たとえばボールが飛んできたら、落下地点を予測してその位置に移動し、キャッチする。この一連の動きは「眼と体のチームワーク」によって可能になるのです。

また、体をスムーズに動かすためには、自分の体の「中心線」をしっかり意識し、手足の長さなどの「ボディイメージ」がしっかり描けていることも大切です。人の動きをまねして同じように体を動かしたり、動くものを眼で追いながら手や足を動かす練習をしたりして身につけます。

まとめ

眼でとらえ、脳で認識した情報をもとに適切に体をコントロールする「出力」の働きは、眼と体を連携させて動かす「眼と体のチームワーク」をトレーニングして向上させる。さらに、「出力を高める」ために手足や体幹の使い方を覚えて、眼と連携した動きのできる体をつくる。

継続が大事！　子どもを褒めながら、親子でトレーニングを楽しもう

ビジョントレーニングは毎日継続して行うことで効果が出ます。眼のストレッチ（P30）は毎朝の習慣にすることをおすすめします。朝の時間帯に眼をちゃんと動かすようにしておくと、見る力を整えてから一日をスタートでき、その日の運動や勉強のパフォーマンスも上がりやすくなります。ただし、ほかのトレーニングは夕方でも夜でもかまいません。

トレーニングを続けていくと、子どもが「やりたくない」と言う日もあるかもしれません。そんなときは、トレーニングに飽きているからなのか、難しそうだからやりたくないのか、子どもの気持ちに寄り添って、状況に応じてトレーニングを変えてみましょう。子どもに「やりなさい」と言うのではなく「やってみる?」と問いかけるようにしたり、「これとこれ、どっちをやってみたい?」と自分で選ばせたりするのもおすすめです。

よく「このトレーニングができたらお菓子をあげる」とご褒美を用意する人もいますが、私はそれをしないようにしてきました。ご褒美を目当てにしてほしくなかったからです。そのかわり、上手にできたら、意識して褒めるようにしていました。「できたね、すごいね」と褒めて、

進歩したことに対して子ども本人が喜びを感じ、自信をつけられると良いでしょう。

楽しく続けるポイントは、「ここまでできるようになってほしい」というゴールばかりを意識しないことです。トレーニングの目的は決められたメニューをこなすことではなく、子どもが成長することです。「ゴールにどれだけ近づいたか」ではなくて、今の子どもの状態を把握し、少しでも成長が見られたら褒めてあげましょう。

なお、本書で紹介するトレーニングだけでなく、おうちのお手伝いも立派なビジョントレーニングになります。たとえば食事の配膳にしても、お盆をしっかり持ってテーブルに運ばないとお盆の上の料理をこぼしてしまいますし、テーブルにお箸と料理を並べることで空間的な位置を把握する訓練になります。ほかにも、買い物に一緒に行く、掃除をするなど、日常の中で見る力をアップさせる方法はたくさんあります。ぜひ、親子で楽しみながらトレーニングを続けてほしいと思います。

まとめ

ビジョントレーニングは、毎日同じ時間にできなくても良いので、続けることが大切。親も子どもの成長を感じ、一緒に楽しみながらトレーニングを続ける。

ボックスファイキッズ　お母さんの声

ビジョントレーニングの効果

飯田覚士の指導するボックスファイで毎週1時間「ビジョントレーニング」のレッスンに通う生徒さんのお母さん方は、お子さんたちの変化についてこんな感想を持っています。

CASE 1

敏しょう性がアップし始めたばかりのサッカーにすぐ順応

「もともと活発な子で、体を動かすのが好きだったので、特定の運動能力を伸ばすのではなく、後でどんなスポーツにでも活かせるようにと考えて始めました。何かの競技をやろうとしたとき、体の使い方がわからないせいでうまくできずにあきらめてしまい、ただ「苦手」と思ってほしくなかったからです。始めてから、**反復横跳びの記録の急激な伸び**に驚きました。また、**集中力が増し**て、勉強をするときにもすっと切り替えができるようになりました。

最近、サッカー教室に行き始めましたが、**ボールを追いかけたり、相手から取ったりするのが最初からすんなりできている**のも、ビジョントレーニングのおかげだと思います」

CASE 2

本を読むスピードが上がり、黒板の文字を書き写すのが楽に

「ボール遊びでボールが捕れなかったり、狭いところが歩けなかったり…。運動が全然できなかったので、ビジョントレーニングを受けさせてみました。でも、本人の実感としては、運動以上に勉強面での変化を特に強く感じているようです。**本を読むのがすごく速くなった**ということと、**黒板に書かれたことをノートにとるのがすごく楽になった**ということを言っています」

CASE 3

運動全般苦手だった子がスポーツ少女に変身

「体は大きかったのですが、運動ができませんでした。この子の姉は運動が得意だったので、どうして自分はできないのだろうと悩んでいたと思います。幼稚園のときは逆上がりもなわ跳びもできるようになりませんでした。

でも、レッスンを受け、今では**リレーの選手に選ばれる**ようになりました。**体を動かすのが大好きに**なって、運動習慣が身につき、中学校では運動部に入りたいと話しています」

この本に登場するボックスファイキッズ

しずく

あやの

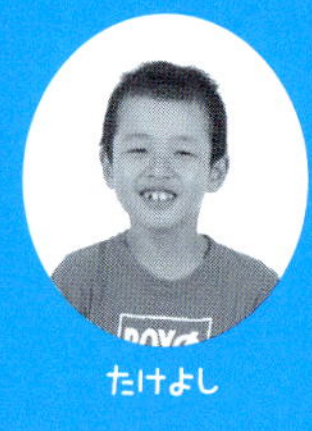
たけよし

そら

はのん

ななは

ゆうせい

みやび

りんたろう

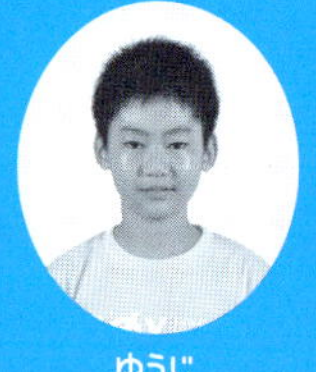
ゆうじ

2章 日頃からやるべきメニュー

Everyday

眼の筋肉をほぐすストレッチと、体の基礎をつくる運動。
ストレッチとどれか一つのトレーニングを毎日の習慣にしましょう。

この本の使い方

これから始まるトレーニングページは次のような構成になっています。この本の特色とトレーニングに対する基本的な考え方を理解して、いよいよトレーニングスタートです。

本書のトレーニングの特長

●3ヶ月プログラム

この本は、毎日行うべきトレーニングと、3ヶ月（12週間分）のトレーニング、グループトレーニングで構成されています。基礎から応用へ、見る力が着実に身につくプログラムです。終了した後も、苦手なものは特に繰り返し、継続することでさらなる向上が期待できます。

●1週間3メニュー

1週間に三つずつのメニューを紹介しています。3種類のトレーニングを、1週間毎日行ってください。1週間では足りないメニューがあったら期間を延長して、それができるようになってから次に進むようにしましょう。

●1日約20分

2章の「日頃からやるべきメニュー」は毎朝行うのが理想的です。ほかのトレーニングは時間帯を問わず、目安は1トレーニング5分程度。トータル20分が基本です。ただしお子さんにとって長すぎれば無理せず、短時間でも続けることが大切です。

トレーニングページの読み方

Week 1 /1

矢印体操

眼で見た情報を素早く判断し、適切に体を動かす

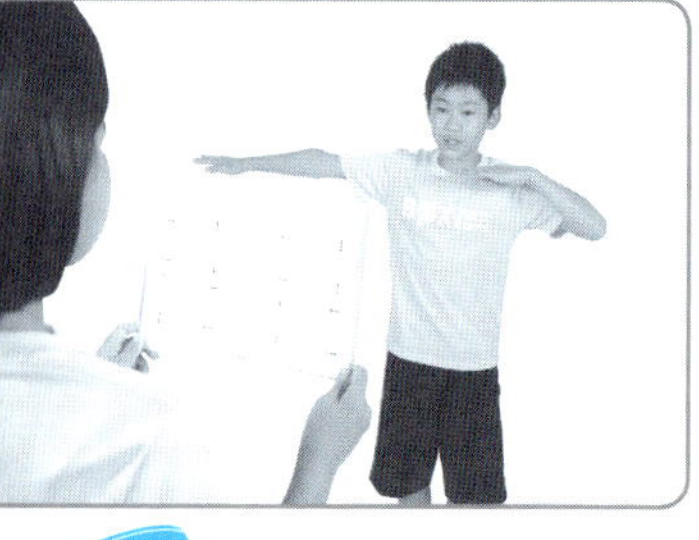

見た矢印の方向に腕を動かして、上、下、右、左という基本的な空間認識を体で覚えます。シンプルに眼で見たものを頭で判断して体を動かすスタンダードメニューです。腕を動かすだけでなく、声も出すという出力を増やすことで効果が上がります。

1. 写真と同様に、上・下・右・左の矢印をランダムに書いた紙を用意する（表・裏両面に同じ矢印を書いておく）
2. 向かい合って立ち、大人が矢印の紙を持って見せる
3. 左上から順に、紙に書かれた矢印の方向を読み上げながら、両腕でその方向を指していく
4. 紙に書かれた矢印すべてについて行う。できるようになったらスピードアップ、矢印とは逆に動くなど難しくしてみる

腕を動かすだけなら意外と簡単です。しっかり声も出しましょう。最初はゆっくり、腕と言葉の方向をどちらも間違えず正確にできるようになってください。まだ左右を混乱しがちな小さい子どもたちには、左右の認知の定着も兼ねたトレーニングです。

42

このトレーニングのねらい

各トレーニングの概要と行う目的、そのための心構えが示されています。

step

トレーニングのために必要な道具と、大まかな流れがわかります。

アドバイス

初心者が取り組む際につまずきがちな事柄などについて、注意点や指導法をまとめています。

＊トレーニングを始める前に

眼に異常がないか、お子さんの視力をチェックしましょう。視力の矯正が必要な場合は、眼鏡などで矯正してからトレーニングを始めてください。視力に問題がある状態でトレーニングをすると、適切な効果が得られない場合があります。

トレーニング法

詳しいトレーニングのやり方を、写真を用いて解説しています。動きが複雑・動きに注意が必要な次のトレーニングについては、動画解説を用意しています。以下のQRコードでアクセスし、参考にしてみてください。

【動画解説のあるトレーニング】

Everyday2　だるま～ Week1-3　大仏
Everyday4　トカゲ歩き
Week3-3　ボールトス
Week5-1　レイン棒を渡ろう
Week6-3　キョロキョロ平均台
Week7-3　ヘッドスウィング
Week8-3　お手玉とおにごっこ
Week10-1　ブロックストリング
Week12-3　ビジョンゲート
Group8　アンカースピン

ボックスファイ
YouTube チャンネル

ポイント・難易度アップ etc.

正しく実践するコツや押さえるべき点（「ポイント」）、トレーニング効果をより高める発展形（「難易度アップ」）など、トレーニングを充実させるためのプラスαの情報です。

トレーニング効果

そのトレーニングを行うことで向上する視覚能力を、「入力」「情報処理」「出力」「出力を高める」（P16～21 参照）のどれかのアイコンで示しています。大きいアイコンはメイン効果、小さなアイコンは副次的な効果を意味します。

トレーニング効果→ 入力 出力 情報処理

1 矢印の方向に腕を動かしながら、その方向を声に出す

矢印の「右」は右腕をまっすぐ伸ばし、左腕は曲げて右を指す

矢印の「上」は両腕を上に伸ばす。大人は裏を見て合っているか確認

2 慣れてきたらテンポアップ

矢印の「左」は右と逆に。言葉と腕の方向をきちんと一致させる

矢印の「下」は、両腕を下に伸ばし、軽くひざも曲げる

難易度アップ

見た矢印に対して違う動作をする

慣れたら矢印と逆の動作にしてみましょう。できたら、さらに言葉だけ矢印と逆、腕だけ矢印と逆にもトライ。

言葉と腕を逆にする

43

Everyday /1

眼のストレッチ

毎日のトレーニング前にやってほしい眼球運動

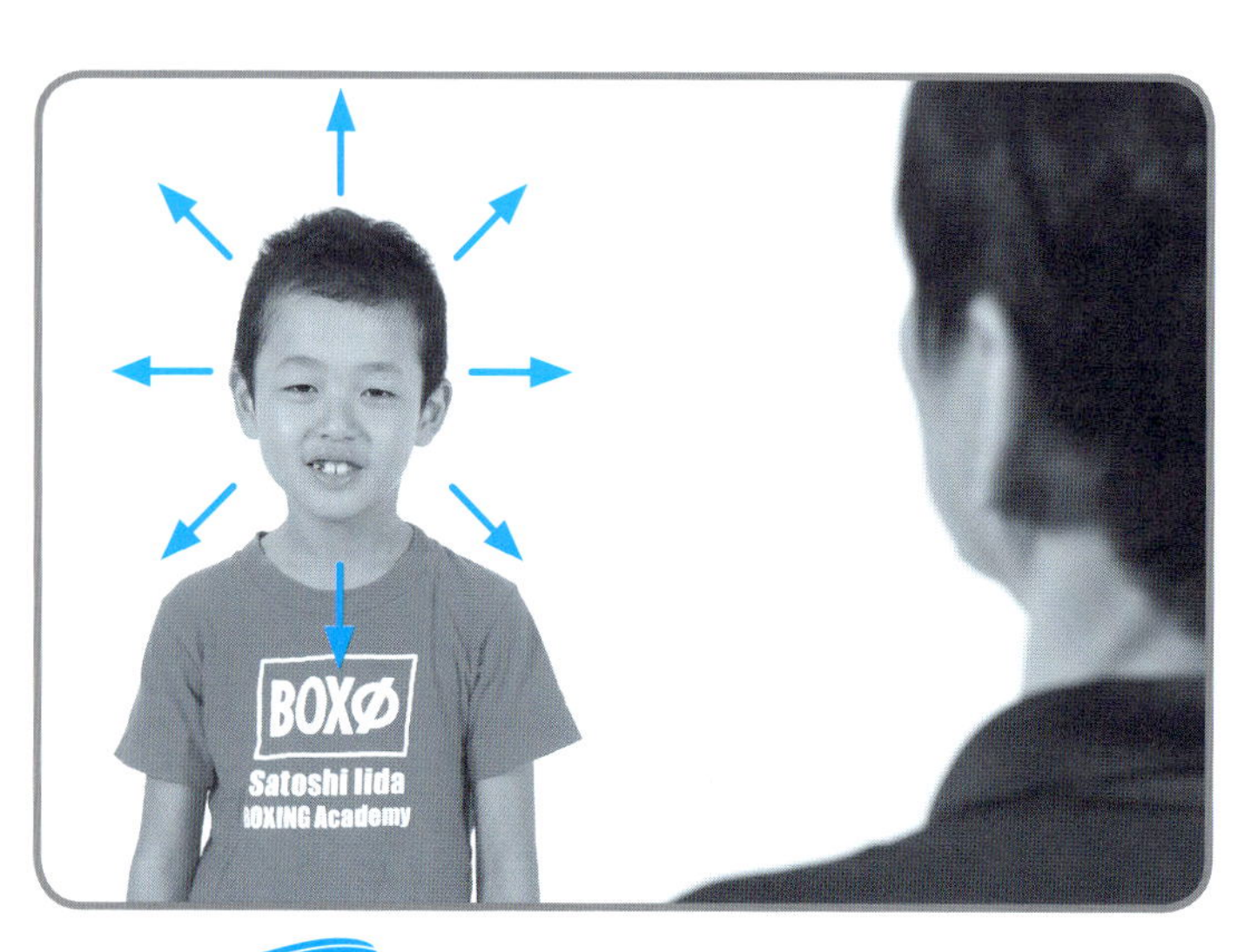

眼を動かす筋肉をストレッチする準備運動です。顔は正面を向いたまま、右左、上下、斜め（右左）の8方向を両眼で見るようにします。左右の眼をどちらもきちんと動かして、眼球運動に慣れましょう。首や顔を動かさずに眼だけを動かすようにしてください。

1. 大人と子どもが向き合う
2. 子どもはあごを引いて正面を向く
3. 大人が指さした方向に眼だけを動かす（2～3秒静止）
4. 右左で4～5回往復し、同様に上下、斜めの8方向を行う

運動前に手足の筋肉をほぐすように、眼を動かす筋肉を伸ばします。筋肉がぎゅーっと伸びるのを感じるようにするといいですよ。大人は、眼だけでなく顔まで動かしていないかチェックしてあげてください。毎日、トレーニングの前には必ず行いましょう。

やってみましょう! トレーニング法

1 両眼で右、左を見る

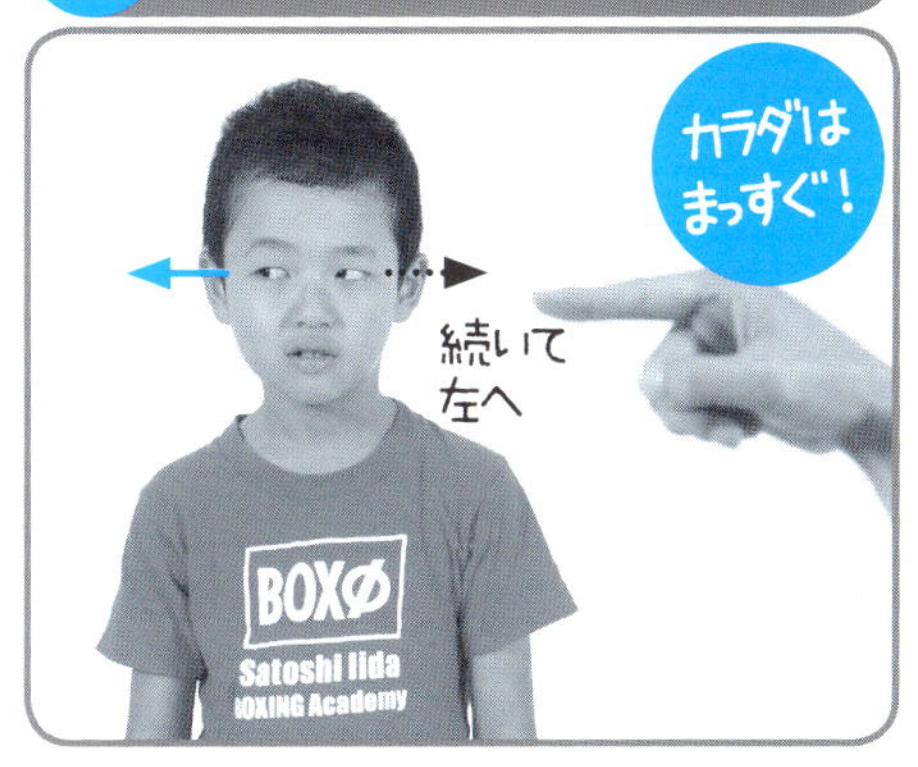

大人は左(子供にとって右)を指さし、子どもはそちらに両眼を動かす。2〜3秒静止したら逆も同様に行い、右、左…と4〜5回繰り返す

2 両眼で上、下を見る

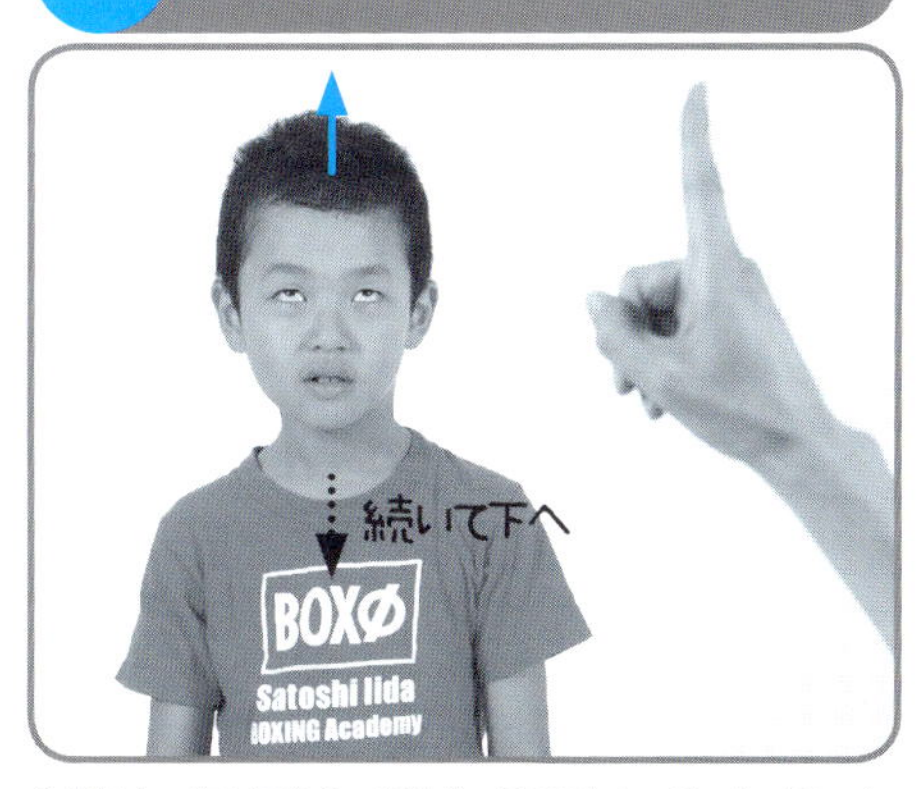

今度は上、次に下を2〜3秒ずつ見てストレッチ。上、下、上、下…と4〜5回繰り返す。間はいったんリラックスしてOK

3 両眼で右上、左下を見る

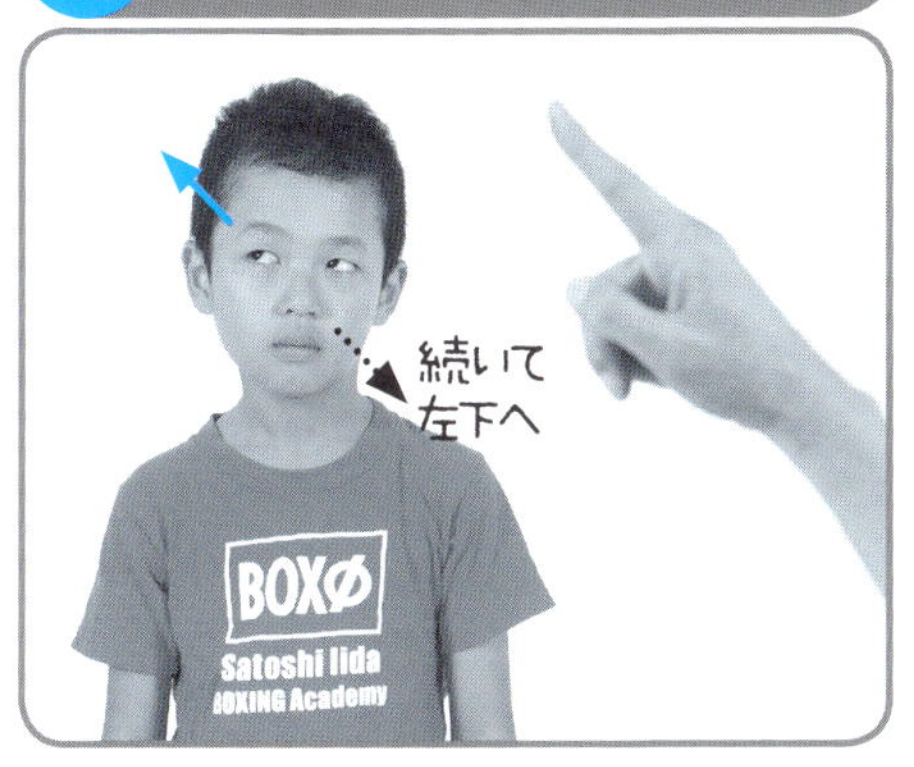

続いて左上(子どもは右上を見る)、そのまま対角線に下がって右下(子どもは左下を見る)も同様に行う

4 両眼で左上、右下を見る

最後に右上(子どもの左上)、左下(子どもの右下)も同様に繰り返して行う

ポイント

首を動かさず、眼だけを動かそう!

指さす方向に顔や首も一緒に動かしてしまうと、眼のストレッチではなくなってしまうので、注意。

Everyday /2

だるま

反動のタイミングを覚える

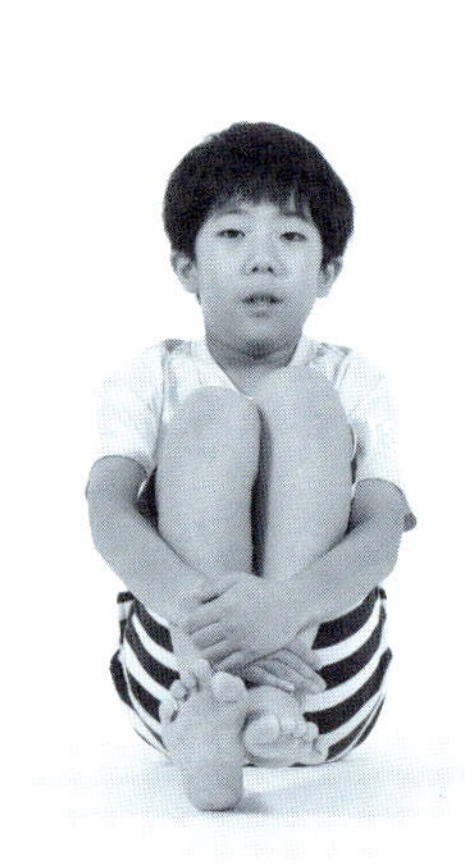

だるまのように、座った姿勢から後ろに倒れて戻ってきます。起き上がるコツは、反動の力を使うこと。ブランコや鉄棒の逆上がりでも、勢いをつけるタイミングは重要です。このトレーニングでは、起き上がるためにはずみをつけるタイミングを覚えます。

1. 足を抱えた姿勢で仰向けになり、前後に揺すってみる
2. 体育座りで座り、後ろに転がる
3. 止まらずに反動で元の姿勢に戻る
4. ゴロンゴロンと何度か繰り返す
5. できるようになったら姿勢をチェックし、足の形を崩さずにできるようにする

起き上がるとき、横にバタンと倒れてしまうお子さんも多いでしょう。背中をできるだけ丸く使いましょう。転がっている間にかかととおしりが近づいてひざの三角形が崩れがちですが、三角形をキープしたままできれば上級者です。

やってみましょう! トレーニング法

1 体育座りで座り、後ろに転がる

三角形にひざを曲げた足を、両手で抱えて座る

そのまま後ろにごろーんと転がる

2
勢いを止めずに体を起こし、元の姿勢に戻る

後ろに転がった反動で前に転がる

ひざの三角をできるだけ最後まで崩さずに元の姿勢に戻る

ポイント

最初は背中でゆらゆらしてみる

最初は仰向けでひざを抱えた状態で前後に揺すって、背中で揺れる感覚をつかみましょう。

Everyday /3

ハイハイ

四肢を動かし、体のコントロールの基礎を体得

近年はあかちゃんがハイハイをする期間が短くなっているようですが、これは体の発達にとってとても重要な動きです。異なる側の手と足を同時に着地させながら進む規則的な動きを繰り返すことで、自分の意志で体を動かす「体のコントロール」を覚えます。

1. 四つんばいになる
2. 手をしっかり開いてつき、右手と左足を出して進む
3. 左手と右足を前に出して進む。
   手と足を同時に着地させるようにして、繰り返す
4. 右手と右足、左手と左足など、
   同じ側を同時に出して進んでみる
5. 障害物を置いて乗り越えて進む

ハイハイのコントロールが上手な子ほど、もっと複雑な動きのコントロールも上手です。簡単な動きだからと雑にせず、ゆっくりでいいので、一つひとつの動きを丁寧にすることが大切。手の指を丸めている子も目立ちます。指を伸ばしてしっかり手を開きましょう。

トレーニング効果 → 出力を高める

やってみましょう! トレーニング法

1 左右異なる手と足を前に出して進む

左右対角線上の手と足を前に出して進む。まずは右手と左足

今度は左手と右足を前に出して進む

2 手と足がしっかり連動しているか意識する

手足の着地のタイミングが合うように、自分の意志で体をコントロールする

慣れてきたら、右手と右足、左手と左足を同時に出して歩く

ポイント

手をしっかり開いて床につける

指先まで意識して、指を丸めずに手はパーに開きます。手でしっかり体を支えてコントロールしましょう。

手はしっかりパーにする!

Everyday /4

トカゲ歩き

両腕両足を使って体を動かす「ほふく前進」

あかちゃんがうつ伏せのまま手足を使って進む「ずりばい」は、発達の上で重要な動きです。そのずりばいのように、体を床につけて腕と足の力で前に進みます。ハイハイと似ていますが、両手両足を連動させるコントロール力がさらに必要とされます。

1. 床にうつ伏せになって顔は前を向く
2. 「ほふく前進」で前に進む。左腕と右足で体を前に運ぶ
3. 右腕と左足を使って体を前に運ぶ。これを繰り返して前に進む
4. ゴール地点を決めて、前を見ながら進んでいく

足がおろそかになりがちです。どちらか片方しか動いていない場合もよくあるので、両方の足をきちんと引き上げて使えているか、大人がチェックしてあげてください。「ずりばい」は大切な動きです。あかちゃん時代にやらなかった子は特にしっかりやりましょう。

やってみましょう！ トレーニング法

1 うつ伏せになって「ほふく前進」で前に進む

寝そべった姿勢から左手を出し、右ひざを横に引き上げる。その左手で床を押すようにして、右足を蹴り出して体を前に押し進める

体が前に進んだときに右手を伸ばし、左ひざを引き上げる。その手を支点にして左足を蹴りながら体を押し出す。これを繰り返す

2 両足をきちんと使いながら進む

足は両ひざを交互に引き上げながら進む。両足ともきちんと引き上げられているか大人がチェックし、使えていなかったら、ひざのあたりを触って刺激して、意識させるようにする

ポイント

顔は正面を向いて前に進む

体を少しくねらせるようになりますが、首を振らないように。顔は上げて前を向きます。しっかり進む方を見ましょう。

Everyday /5

おしりバランス

おしりで重心を感じてバランス感覚を養う

床に座って手足を浮かし、おしりだけでバランスをとります。普段は足や手をついて体を支えているので、その支えをはずすのは子どもにとって難しいことです。足を曲げたり伸ばしたりしたときの重心の変化に対応して、バランスをとる感覚を覚えます。

1. 体育座りで足だけ浮かす
2. 組んでいた手を離してバランスをとる
3. 手を床と平行になるように広げる
4. 足を前に伸ばしてバランスをとる
5. 手を広げ足を伸ばした状態を数秒キープ
6. 眼を閉じたり手足を揺らしたりしてみる

足を伸ばしたときに転がらないよう、重心を移動させるなどのコントロールを身につけることができます。トレーニング法③の足の下で手をたたいたり、両手を上げたり、前に出したり、足を伸ばしてまた曲げるなどのアレンジを加えても OK です。

やってみましょう! トレーニング法

1 体育座りから足だけ浮かす

体育座りで足だけ浮かした姿勢をキープする

2 足を抱えていた手を離す

足を床につかないようにしながら、組んでいた手をそっと離す

3 手を床と平行に広げる

手を床と平行に広げても、足はつかないようキープ

4 足を前に伸ばす

足を浮かしたまま、バランスのとれる重心を探しながらゆっくり足を前に伸ばす。できたら眼を閉じたり、手足を揺らしたりしてみる

ポイント

"形"ではなく、おしりで"感じる"ことを意識

最初は手足が曲がっていても大丈夫です。おしりを支点にして体をどう支えるかを知ることが大切。

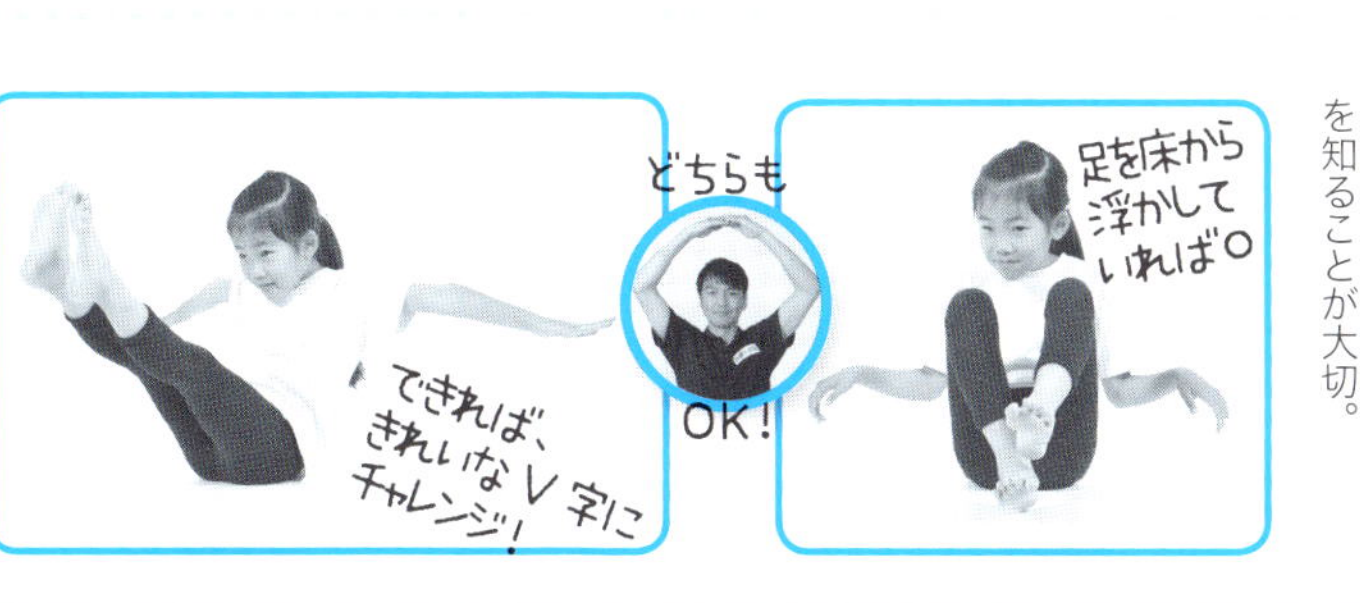

Everyday

トレーニングを続けるコツ 1

大人も一緒に楽しむ

毎日のトレーニングはお子さんにとってだけでなく大人の負担にもなりがちです。でも、「毎日やらせる」と考えるのではなく、トレーニングはお子さんの成長を楽しめる時間と考えてはいかがでしょうか。人よりできるかできないかにフォーカスすることは禁物です。課題をクリアした瞬間に「やったー!」と輝く笑顔を見ることを楽しみに、お子さんの成長を見つめてあげてください。

3章

1ヶ月目トレーニング

Week 1
〜
Week 4

基礎的な眼の動きや体の使い方のトレーニングです。
3ヶ月のベースになるものなのでしっかり身につけてから次に進みましょう。

Week 1

/1

矢印体操

眼で見た情報を素早く判断し、適切に体を動かす

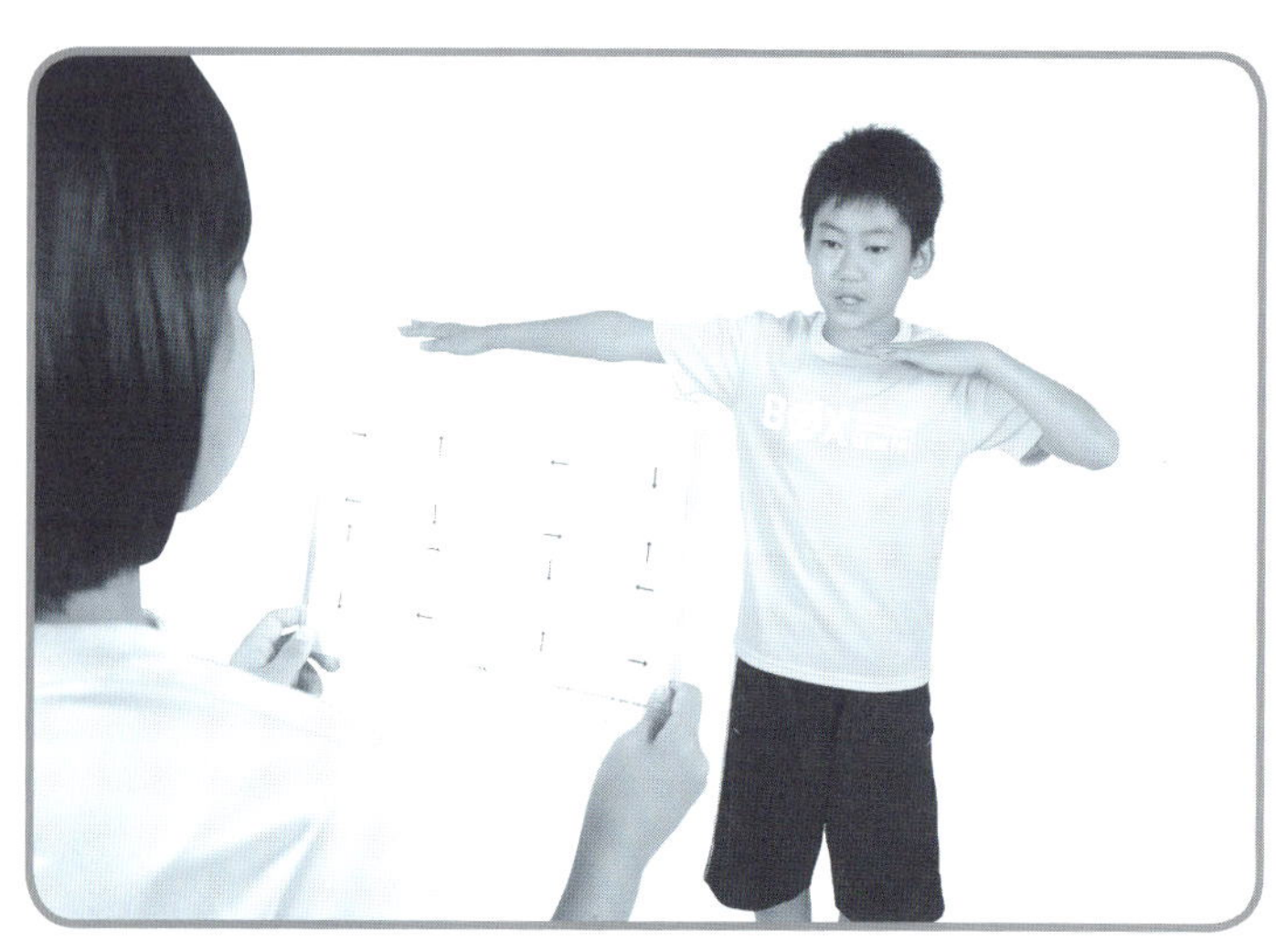

見た矢印の方向に腕を動かして、上、下、右、左という基本的な空間認識を体で覚えます。シンプルに眼で見たものを頭で判断して体を動かすスタンダードメニューです。腕を動かすだけでなく、声も出すという出力を増やすことで効果が上がります。

1. 写真と同様に、上・下・右・左の矢印をランダムに書いた紙を用意する（表・裏両面に同じ矢印を書いておく）
2. 向かい合って立ち、大人が矢印の紙を持って見せる
3. 左上から順に、紙に書かれた矢印の方向を読み上げながら、両腕でその方向を指していく
4. 紙に書かれた矢印すべてについて行う。できるようになったらスピードアップ、矢印とは逆に動くなど難しくしてみる

腕を動かすだけなら意外と簡単です。しっかり声も出しましょう。最初はゆっくり、腕と言葉の方向をどちらも間違えず正確にできるようになってください。まだ左右を混乱しがちな小さい子どもたちには、左右の認知の定着も兼ねたトレーニングです。

やってみましょう! トレーニング法

1 矢印の方向に腕を動かしながら、その方向を声に出す

矢印の「右」は右腕をまっすぐ伸ばし、左腕は曲げて右を指す

矢印の「上」は両腕を上に伸ばす。大人は裏を見て合っているか確認

2 慣れてきたらテンポアップ

矢印の「左」は右と逆に。言葉と腕の方向をきちんと一致させる

矢印の「下」は、両腕を下に伸ばし、軽くひざも曲げる

難易度アップ 見た矢印に対して違う動作をする

慣れたら矢印と逆の動作にしてみましょう。できたら、さらに言葉だけ矢印と逆、腕だけ矢印と逆にもトライ。

言葉と腕を逆にする

Week 1
/2

一本橋

一直線の上を歩けるぶれない体づくり

自分の体の中心線を体得していない子どもたちにとっては、まっすぐ立つことも容易ではなく、一直線の上を歩くことはなかなかできません。このトレーニングで体の中心の感覚を知ると、重心のブレに気づくことができ、バランスがとれるようになります。

1. 幅6～8㎝程度の板を用意する
(写真では幅6㎝、長さ 1.8 mの板を使用)
2. 板の上を落ちないで歩く
3. 落ちずに渡れるようになったら、下を見ないで歩く
4. 姿勢良く歩くことを意識する
5. 眼を閉じる、後ろ向きで戻って往復など難しくしてみる

板はホームセンターなどで入手できます。足が板からはみ出すとかなり難しいので、お子さんの足のサイズを見て板の幅を決めてください。最初はグラグラして落ちてしまう子も多いです。まず渡り切ることから始めましょう。

やってみましょう! トレーニング法

1 板の上を歩き、落ちずに渡り切る

板から落ちないように端から端まで歩く。最初は手でバランスをとってもOK

落ちずに歩けたら腕の力を抜いて背筋を伸ばし、姿勢良くまっすぐ前を見るように

2 後ろ向きに歩く

慣れたら後ろ向きにも歩いて往復する

3 眼を閉じる

眼を閉じて同様に落ちずに板の上を歩く

ポイント

腕の力を抜き つま先とかかとを つけて歩く

腕の力を抜いてまっすぐ歩くことで自分の中心線がわかってきます。つま先とかかとをつけて歩きましょう。

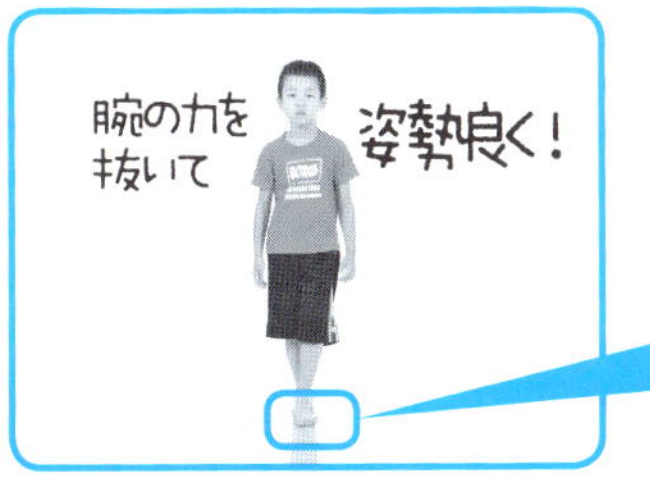

Week 1 /3

大仏

さまざまな傾きに対応し、自分の姿勢や向きを知る

斜め後ろに倒れ、回転する複雑な動きで、三半規管と前庭（揺れや傾きを感じる感覚器）や固有受容体（体中の筋肉やじん帯などにある、自分の動きを感じるセンサー）を繰り返し刺激。自分の傾きや動きを把握する力がつき、身体能力が上がるメニューです。

1. 足の裏同士をつけた姿勢（大仏の姿勢）で座る
2. 体を斜め後ろに傾け、倒していく
3. そのまま背中をつけて横方向に転がる
4. 回転方向の斜め前方に体重を移動して起き上がる
5. 3回、5回、10回など繰り返す。逆方向でも行う

回転して起き上がったときには、最初と違う方向を向いています。そこからまた回転して、スムーズに連続して回ることを目指してください。視覚情報が目まぐるしく変わるので混乱しがちですが、自分の姿勢を把握できているとうまく回れるようになります。

やってみましょう! トレーニング法

「大仏」から斜め後方に体を傾け、背中で転がり体を起こす

1 自分の後方にたっぷりスペースをとって足の裏同士をつけて座る

2 左のおしりに体重を乗せ、左後方に体を傾ける

3 左の体側をついたらそのまま背中で右に転がる

4 右の体側まで転がったら右前方に体を起こしていく

5 右のおしりに体重を乗せて起き上がる。ここで1回転

6 勢いのまま再び左のおしりに体重移動して、左後方へ

7 ③と同じく背中を丸めてつき、頭を右に動かすようして転がる

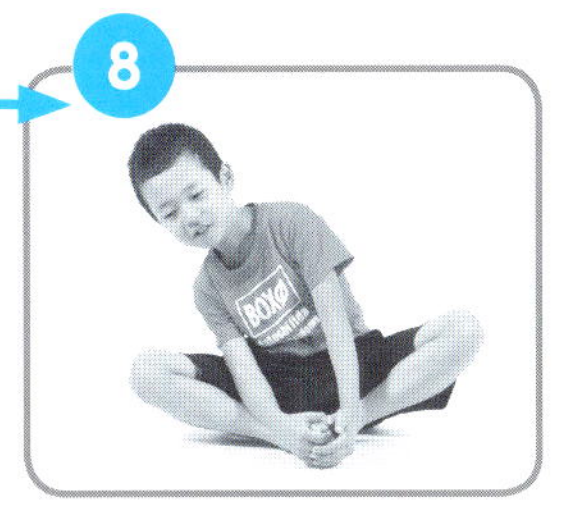

8 ④と同じく遠心力を利用するようにして起き上がる。これで2回転。さらに数回転して、逆回転も行う

いくべき方向に体を導く
OK!
頭をつかずに小さくなる

ポイント

背中を丸めて首をつけずに回転する

うまく転がるには、背中を丸めることが大切です。転がる方向がわからない場合、大人が補助を。

Week 2 /1

親指おいかけっこ

眼球をなめらかに動かす練習

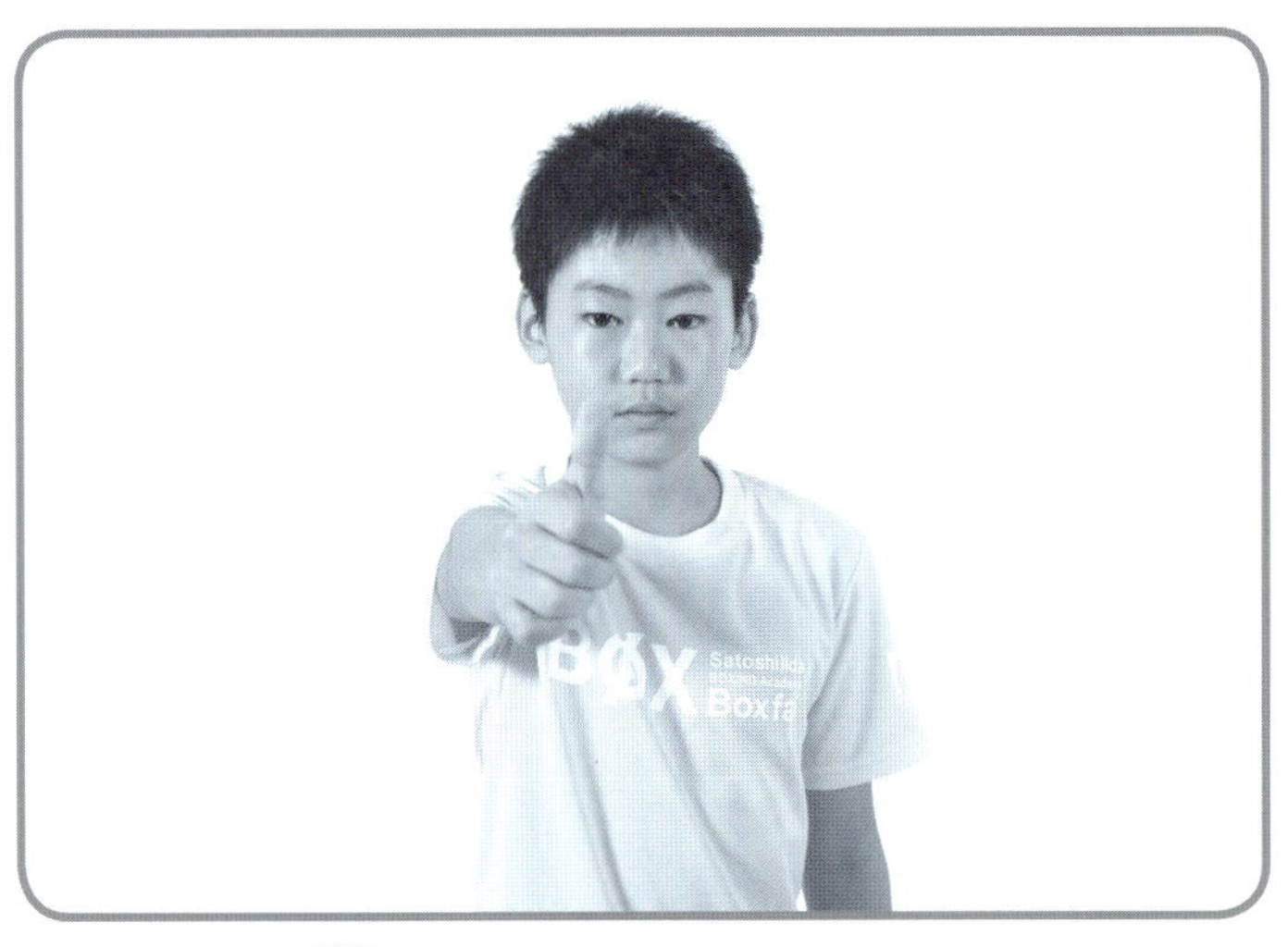

目標物を追って眼球を連続的に動かす「追従運動」のトレーニングです。さまざまな角度や方向に、眼球をスムーズに動かせるようにがんばりましょう。首を動かさずに眼だけを使い、両眼できちんと追うことが大切です。

1. 自分の親指を立てて腕を伸ばし、両眼で見る
2. 親指を左右に 30cm くらい動かして両眼で追う。動かす幅を 50cm くらいまで少しずつ広げる
3. 親指を上下に動かして両眼で追う。動かす幅を広げていく
4. 親指を斜めに動かして両眼で追う。動かす幅を広げていく
5. 親指で円を描くように動かして両眼で追う
6. 大人がランダムに動かす目標物を両眼で追う

連続的に眼球を動かすことが重要です。ゆっくりからやってみてください。自分の指の動きは予測できるので、大人がランダムに動かす目標物を眼で追うのもいい練習になります。眼がカクカク動いたり、両眼が協調しない場合は眼科・専門家に相談を。

トレーニング効果→ 入力

やってみましょう! **トレーニング法**

1 横の動きを両眼で追う

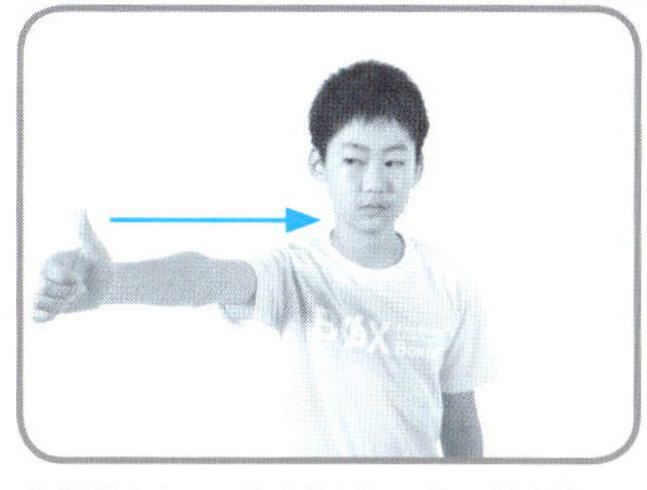

❶親指を立てて腕を伸ばし、体の斜め前にセットして両眼で見る

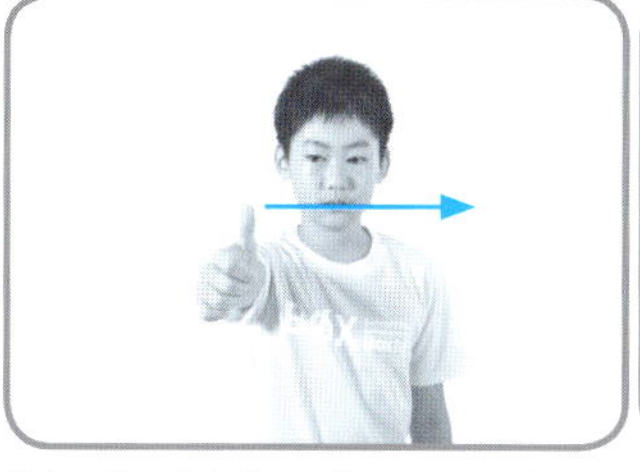

❷ゆっくりと指を前まで移動させ、眼だけで追っていく

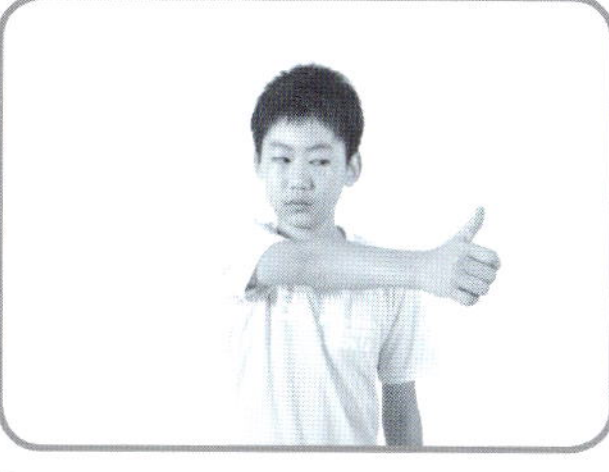

❸そのまま反対側まで追う。左右繰り返す

2 上下の動きを両眼で追う

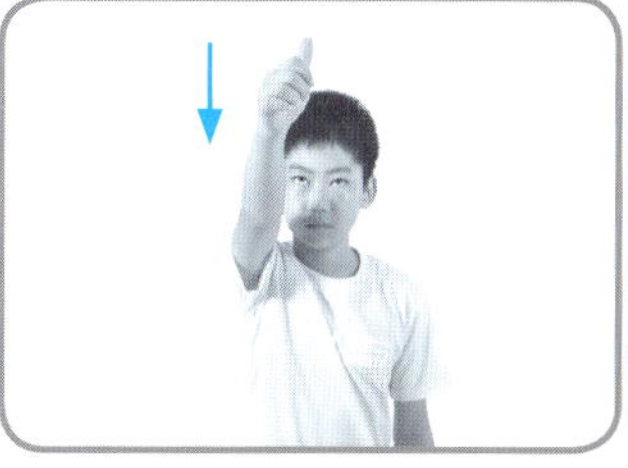

❶親指を立てて頭上にセット。両眼で見る

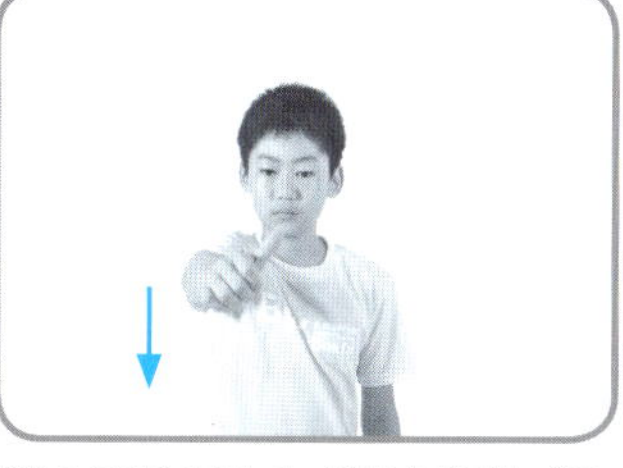

❷そのまま下に下ろしていく親指を、眼だけで追う

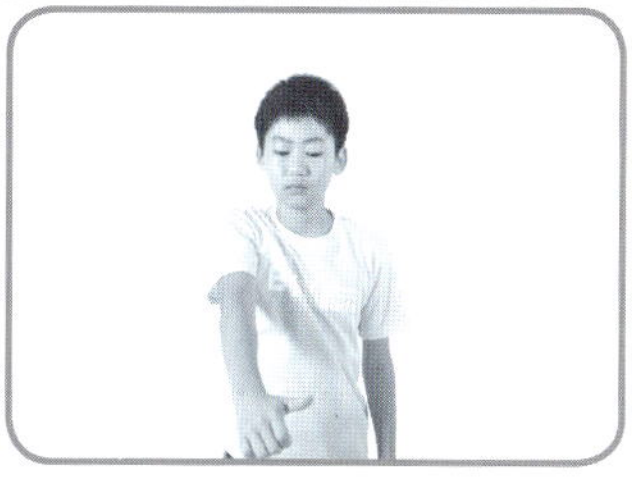

❸両眼で見えるところまで下げる。上下繰り返す

3 斜めの動きを両眼で追う

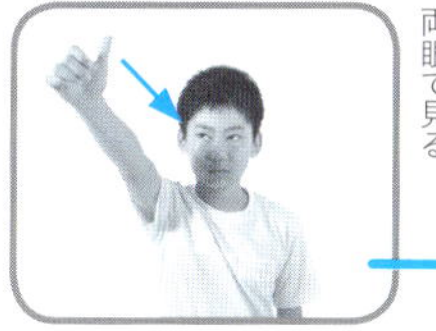

親指を立てて斜め上にセット。両眼で見る

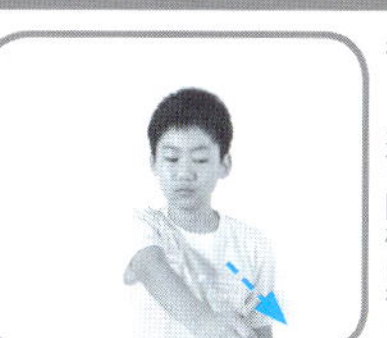

指を対角線上に下ろしていき、両眼で追う。往復し、逆も同様に行う

4 円の動きを追う

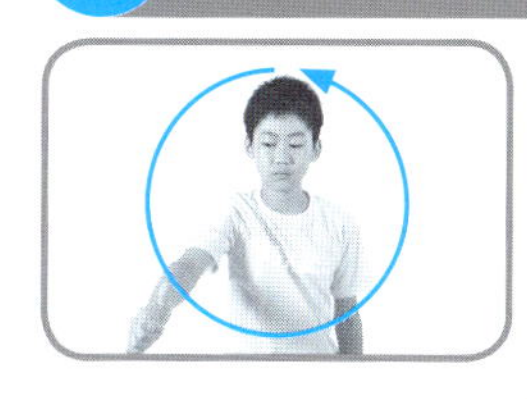

親指で顔の前に円を描くように動かし両眼で追う。逆回りも同様に

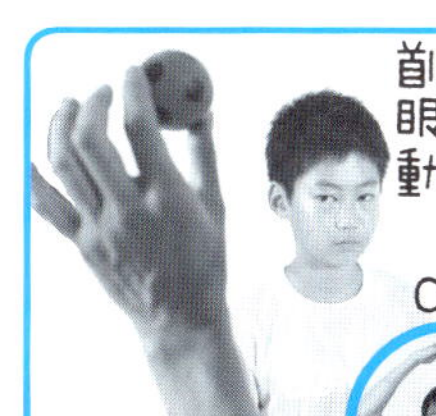

首が曲がらないように

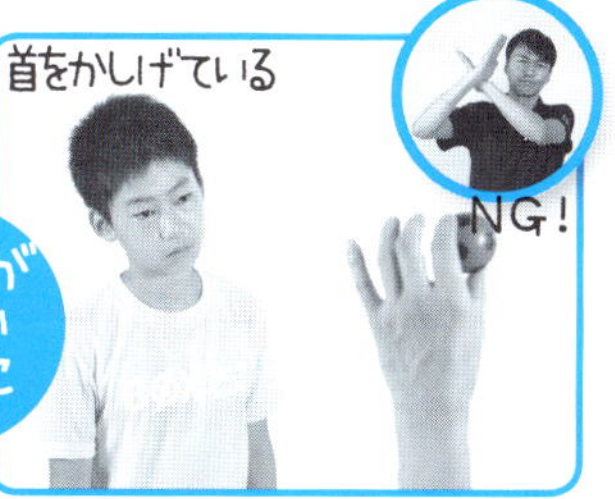

ポイント

両眼がスムーズについていっているかチェック

両眼がスムーズに動いているか、正面で大人が持った目標物を追わせて確認。首の傾きは正してから始めます。

Week 2

/2

イヌ歩き

イヌの姿勢になって手足を連動させて歩く

あかちゃんのハイハイの動きを発展させたメニューです。手と足をさまざまな組み合わせでスムーズに動かせるようになることで、体の連結能力を高めます。右手と右足など同側の手足を動かすときは、重心移動のしかたが変わり体の使い方が別のものになります。

1. 四つんばいの姿勢からひざを浮かせる
2. 手の平と足の裏だけを床につけて体を支える
3. 右手と左足、左手と右足を同時に前に出して進む
4. 左右同じ側の手と足を一緒に出して進む
5. 後ろや横に進む
6. ひざを伸ばし、着地しているときかかとまで床につけて進む（クマ歩き）

手元や足元に視線を落としがちですが、できるだけ顔を上げて前を見るように。手足を意識通りに動かせるようになるまで、前進や後退を繰り返しましょう。「クマ歩き」は、足首が硬い子には難しいかもしれません。無理のない範囲で行ってください。

トレーニング効果 → 出力を高める

やってみましょう！ トレーニング法

1 左右対角線上の手と足を出して歩く

左手と右足を前に出す。同時に着地させるよう意識する

次は右手と左足を前に出し、同時に着地させる。繰り返して進む。できたら後ろ歩きや横歩きもしてみる

2 同じ側の手と足を一緒に前に出して歩く

右手と右足を持ち上げて前に出す

次は左手と左足も同様に。足元ではなく前を見る

難易度アップ

足をかかとまでつける（クマ歩き）

曲げていたひざをピンと伸ばし、お尻がいちばん高い位置にくるような姿勢を保ちます。このときにかかとを床から離さずに足の裏をつけて歩くようにして、足への意識を行き渡らせましょう。

足が着地しているときはかかとまでつける

Week 2
/3

かいじゅう棒

棒との距離やよけるタイミングを計って空間を把握

長めの棒を「怪獣」に見立てて大人が動かし、子どもがよけるメニューです。棒の動きと体との距離、タイミングを適切に判断して、跳ぶ、くぐるといった動作を行う中で、視空間認知を高めます。

1. 長めの棒を用意(モップ、つっぱり棒などでOK)
2. 大人は棒を低めの高さでゆっくり左右に動かし、子どもは当たらないように跳ぶ
3. 大人は棒を高めの高さでゆっくり左右に動かし、子どもは当たらないようにしゃがむ
4. 大人は棒を上下ジグザグに一定の速さで動かし、子どもは当たらないようによける

初めて挑戦する子は、無理な高さで跳ぼうとしたりします。最初は「はい、ジャンプ」「はい、くぐって」などと合図してあげてもOKです。棒の動きの規則性を学ばせることも重要なので、基本の動きのときは棒の高さやスピードが変わらないように注意。

トレーニング効果 → 出力

やってみましょう！ トレーニング法

1 左右に動く棒に当たらないようによける

大人が棒を一定の高さでゆっくり動かす。最初はよけやすい高さにする。子どもは、棒が体に近づいたら跳ぶかしゃがんでよける

2 中途はんぱな高さで動く棒をよける

慣れてきたら、跳ぶには高くしゃがむには低い高さに挑戦。動かすスピードは一定に。子どもは高さやタイミングを判断してよける

ポイント

動きの規則性を読んで体を対応させる

慣れたら、棒をジグザグや波形などで動かします。子どもは棒の動きの規則性を読んで体を対応させることを覚えます。

Week 3 /1

ものまねゲーム

見たものを体で表現してイメージ力と記憶力を養う

大人のとったポーズを記憶し、同じポーズをまねするトレーニング。最初は一緒にポーズをとることから始めます。左右どちらの手が上下左右どの方向に向いているのかを把握し、どれだけ正確に記憶して体で表現できるかがポイントになります。

Step

1. 大人と子どもで向かい合って立つ
2. 大人は伸ばした片手または両手を上か横に向けるポーズをとり、子どもは見えている通りのポーズを一緒にとる
3. ひじを曲げるポーズも入れ、一緒に同じポーズをとる
4. 大人がまずポーズをとり、子どもはそれを覚えて再現する
5. 一つひとつのポーズを覚える時間を短くしていく
6. 覚えたポーズと逆のポーズで表現する

苦手なお子さんにはポーズを覚える時間を３秒程度とるようにしましょう。少しずつできるようになってきたら、覚える時間を短くしたり、ポーズの数を増やしたりしていきます。ポーズをとるときは、指先までしっかりと伸ばすようにしましょう。

トレーニング効果 → 出力 情報処理

やってみましょう！ トレーニング法

1 大人がとったポーズを、子どもも一緒にまねっこ

大人は伸ばした両手または片手を上か横に向ける。子どもは見えているようにまねをする。できたら次のポーズへ。繰り返す

慣れたら、ひじを曲げるポーズも加えて同様に

2 大人が見せるポーズを記憶してからまねする

大人が①と同様のポーズを、間に「気をつけ」をはさんで2種類見せる。子どもはそれを見て覚え、思い出しながら同じように再現する。

※実際は、向き合って立って鏡のように行うので、大人の手の動きは逆になります

難易度アップ
動きを覚えて反対の形で表現

大人がやったポーズと逆向きのポーズをとるようにすると、一気に難易度がアップします。

逆向きのポーズで再現

※実際は、向き合って立って鏡のように行うので、大人の手の動きは逆になります

Week 3
/2

数字でもぐらたたき

並んだ数字から目当ての数を探して触る

14	22	12	16	34	9
25	1	6	30	28	4
29	32	8	19	21	36
27	11	20	35	24	3
5	13	31	2	33	17
7	15	23	10	18	26

ナンバータッチ(1)

ランダムに書いてある数字を1から順に見つけてタッチしていきます。似たようなものの中から情報を区別して素早く反応し、手を動かす動作でアウトプットするトレーニングです。手のコントロールも大切な目的なので、確実に数字を触りましょう。

Step

1. 上の図のように1～36までの数字をランダムに書いたシートを作る
2. シートの前に座る
3. シートに書かれた数字を1から順番に手でタッチしていく
4. 速く正確にできるように繰り返す
5. 速くなったら、両手で交互にタッチする、数字を増やすなど高度にしていく

シートの数字の配置は、2段ごとに隙間を入れることで3段目・4段目と5段目・6段目を見やすくしています。慣れてきたら隙間をなくしたり、数字を増やしたりしてみてください。低学年のビギナーは少ない数字から始めてもOKです。

トレーニング効果→ 入力 出力 **情報処理**

やってみましょう! トレーニング法

1 シートの数字を1から順番に探してタッチする

1から順に、数字を見つける→触るを繰り返す

指をおろそかにせず目指す数字を確実にタッチする

2 右手と左手で交互に触る

両手を使い、見つけた数字を左右交互の手でタッチ

利き手でない方の手でも数字をきちんととらえる

アレンジ

ナンバーのシートを自作する

数字の配置を覚えてしまったら配置を変えてみましょう。円形にして上下をなくすと、覚えづらくなります。

円にするとどの向きでも使用できる

二人で競争しても楽しい

Week 3
/3

ボールトス

力加減を調整して狙った場所にボールを投げる

床に置いたかごなどのターゲットにボールを投げ入れます。ターゲットの位置や距離など、視覚で得た情報に合わせて投げる強さを加減したり、角度を調整したり、どのタイミングでボールを離すのかなどを体で知り、眼と手の協調を養います。

1. 片手で投げられるサイズのボールと、かごやバスケットなどを用意
2. かごとの間を2～3mほどとって立つ（入ったらすごいと思えるくらい、遠めに）
3. ボールを下手投げでかごに投げ入れる 左右両方の手で行う
4. かごを2個用意し、両手で同時にボールを投げ入れる
5. 右手のボールを左側、左手のボールを右側のかごに投げ入れる

手首だけで投げずに、ひざのクッションを使い、腕をゆっくり大きく振って、体全体でボールを投げるようにしましょう。ボールがイメージ通りに飛ばなかったときに、力が弱かったのか強かったのかなどを判断し、修正して次のボールを投げることも大切です。

やってみましょう！ トレーニング法

1 狙いを定めてボールをかごに投げ入れる

まずは利き手でボールを持ち、正面に置いたかごに狙いを定める

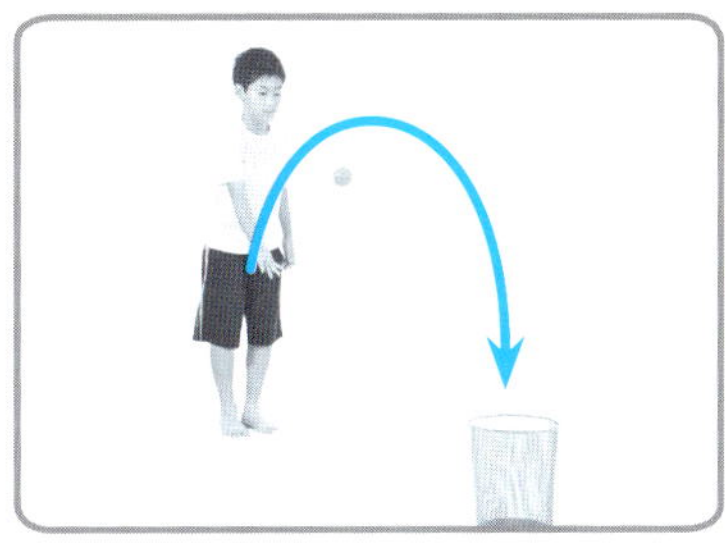

ボールが山なりの軌道を描くように、手からボールを離す

続けてボールを投げる。反対の手でも行い、慣れたら離していき4〜5mくらいまでできるように

2 両手で二つのかごにボールを投げる

難易度 中

二つの標的を同時に定めるのは難しいので、片方ずつ順番に狙いを定めると良い

3 ボールをクロスさせて左右逆のかごに

難易度 高

右手のボールを左側のかごに、左手のボールを右側のかごに入れる。左右のバランス感覚も重要になります

ポイント

眼と手の協調を覚える

ターゲットの空間的位置を正しく把握し、投げる力を合わせていく調整が重要。さまざまな距離でやってみましょう。

Week 4
/1

クモ歩き

仰向けの複雑な手足の動きで手足の連携を高める

ハイハイ、イヌ歩きを発展させたメニューです。仰向けになって体を支えるため、さらに全身の筋肉を使います。普段とは違う視界になるので手足の位置や動きを把握するのが難しく、スムーズに動かせるようになれば四肢の連携がより高まります。

Step

1. 仰向けの状態で両手・両足を使い体を支える“クモ”の姿勢になる
2. 両手両足の違う側同士を同時に動かして前後に移動する
3. 障害物を越えたりその場で回転したりと、難易度を上げる

手足の動きがバラバラになって上手く進めない子もいます。前後の動きが難しい場合は、横移動の“カニ”歩きを試してみるのもいいですよ。障害物を越えるときは、障害物の高さをお子さんの力に合わせてください。ティッシュ箱などの低いものから始めてみましょう。

やってみましょう! トレーニング法

1 仰向けになり、体を手足で支えるクモの姿勢で前後に歩く

体育座りから両手をお尻より後ろにつき、お尻を持ち上げた“クモ”の姿勢になる

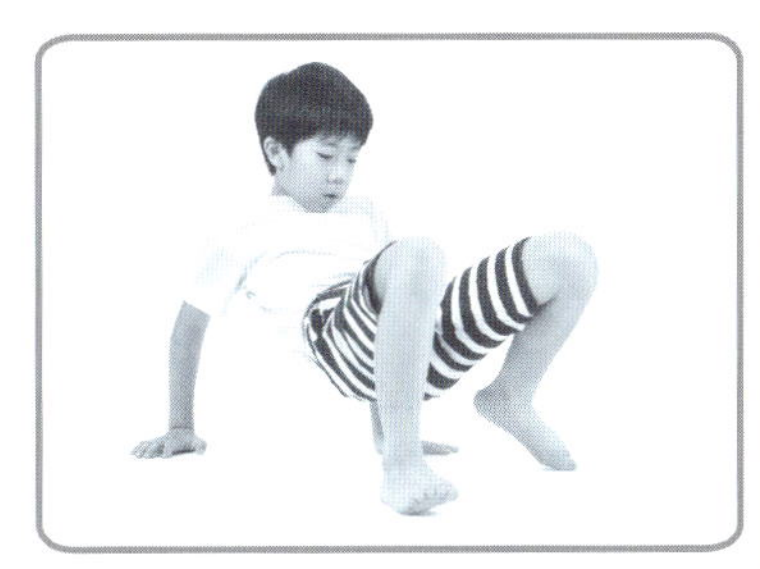

右足と左手、左足と右手（手足の異なる側）を同時に動かして進む

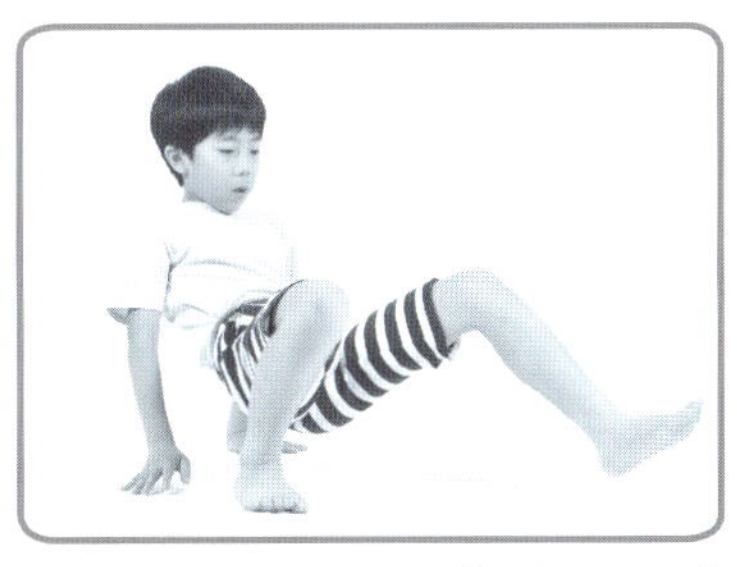

お腹に力を入れて手足を動かす。前に進んだら次は後ろ歩きも

2 障害物を触らずに越えて歩く

クッションなどの障害物を置いて、それを越えて歩く

障害物が見えにくいので、障害物の位置と手足の位置をイメージして1歩ずつ進む

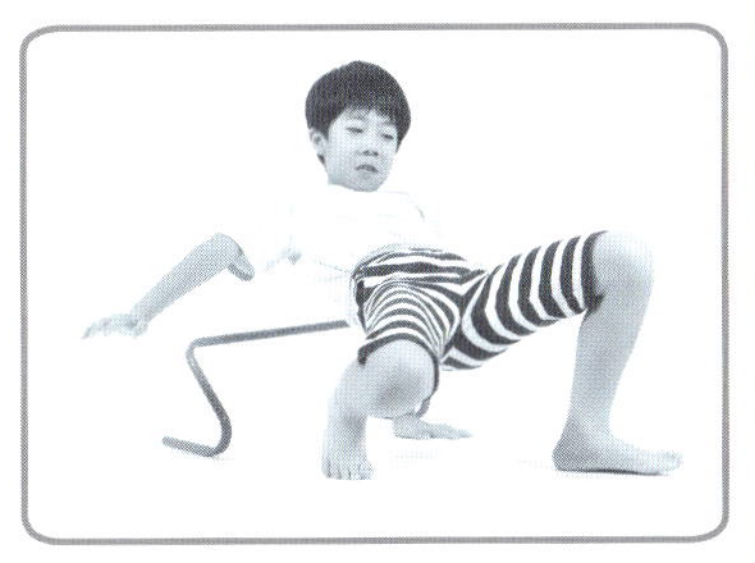

手が後ろにあって見えないので難しいが、最後に残った手まで障害物に触らずに完全に越えられるように

ポイント

手足を協調させて、イメージ通りに動く

慣れてきたらその場でぐるっと回転。異なる側の手足を上手に使って、その場で回ります。

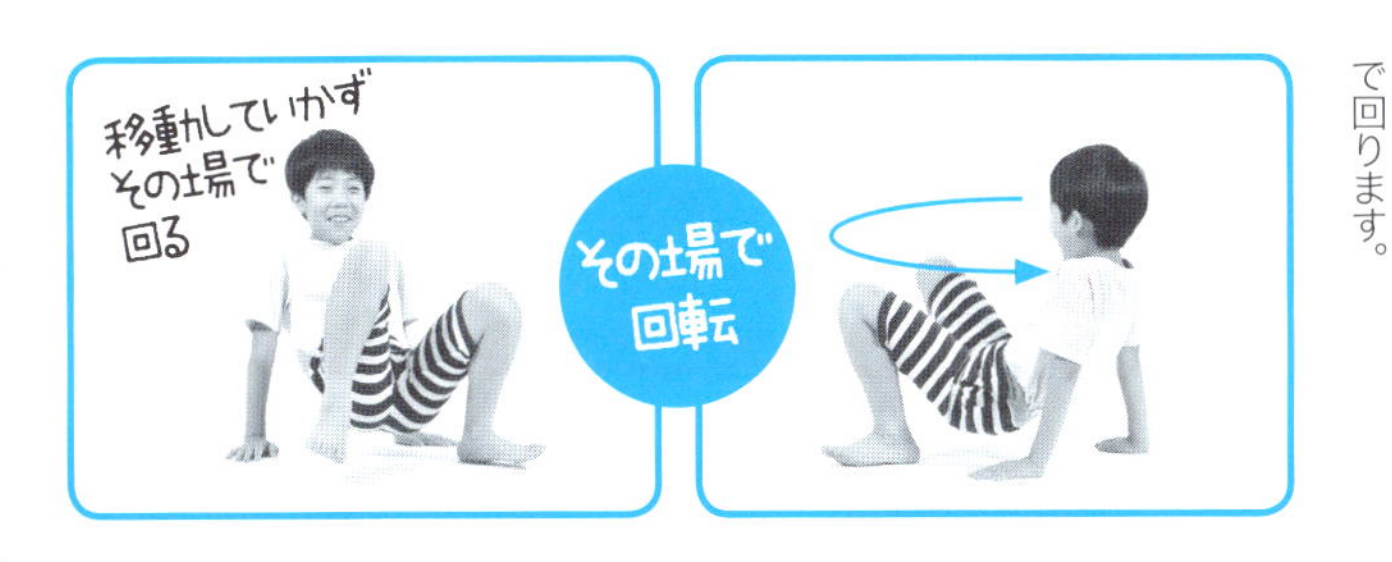

Week 4 /2

指揮者ごっこ①二拍子と三拍子

イメージした動きを体で表現する

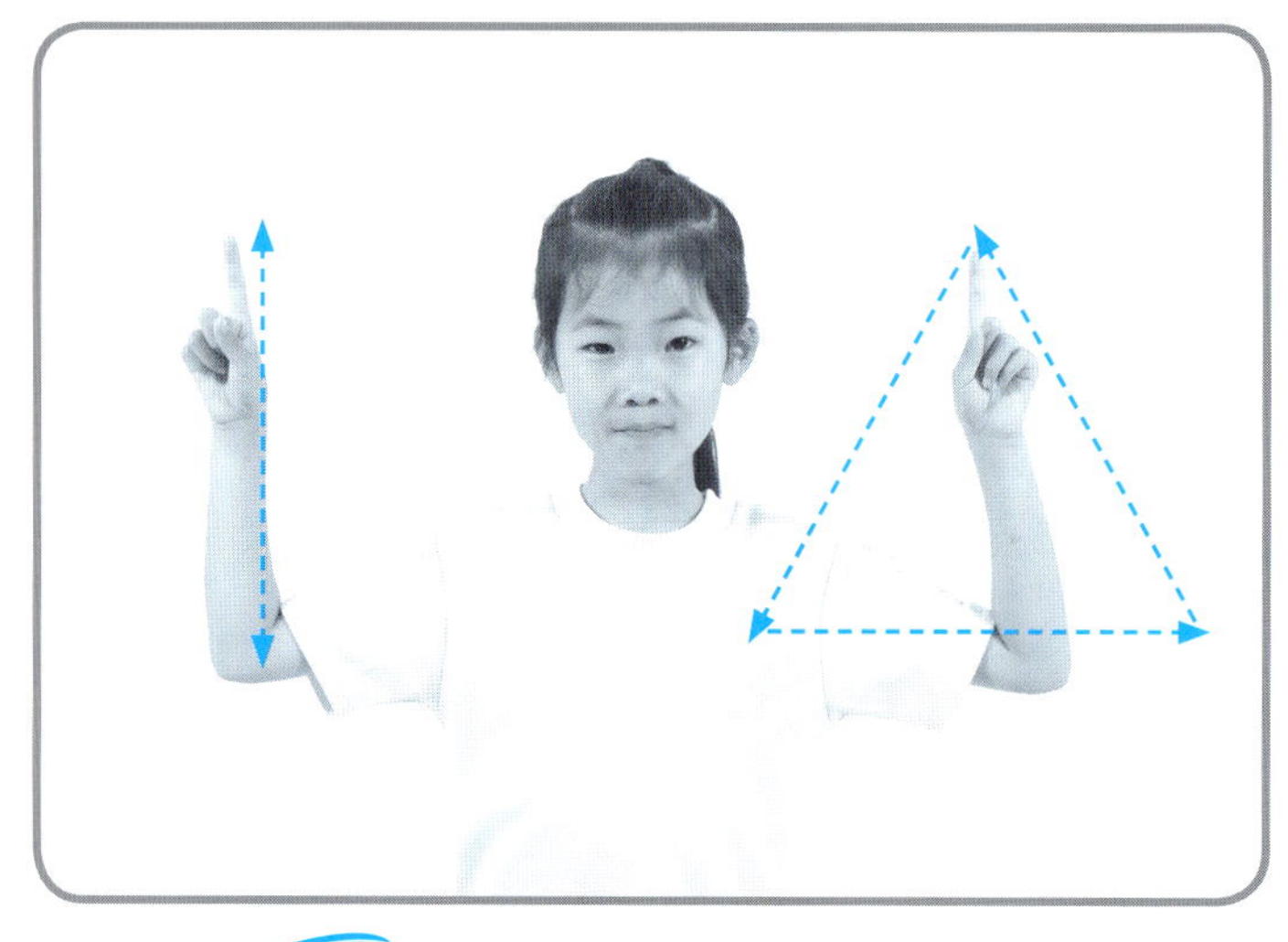

このトレーニングのねらい

片手で二拍子、逆の手は三拍子の動作を同時に行うトレーニングです。イメージしたものに合わせて手を動かすことで、脳と体がスムーズにつながっていきます。このトレーニングでは集中力アップも期待できます。

Step

1. 人差し指を立てた両手を頭の高さに上げて構える
2. 右手は上下に二拍子、左手は三拍子のリズムで三角形を描くように同時に動かす
3. カウント6で両手ともスタート位置に戻る
4. できる速さから繰り返し、スピードを上げていく
5. 左右を入れ替えてみる

左右の手で同時に行うと、最初のカウントで三拍子の手を二拍子の動きにつられて真下に下ろしてしまい、三角形が直角三角形になりがち。最初のカウントで三角形の手は斜め下に下ろして、正三角形を描くように意識しよう。

やってみましょう！　トレーニング法

1　両手を上に上げた状態で構える

人差し指を出して両手を頭の高さに

2　一拍目：右手は下へ、左手は三角形の一画目を描く

右手は真下に下ろし、左手は斜め下に動かす

3　二拍目：右手は上へ、左手は三角形の二画目を描く

右手は上に戻って二拍子が終了。左手は横に動いて三角形の底辺を描く

4　三拍目：右手は下へ、左手は三角形の三画目を描く

右手は再び一拍目から始まる。左手は斜め上に上げて三角形完成。この流れで左右独立した動きを続けて、六拍目で両手がスタート位置に戻る

ポイント

正確なイメージを描く

自分の前に二拍子の上下のライン、三拍子の三角形のラインがあることをイメージし、その上をなぞります。

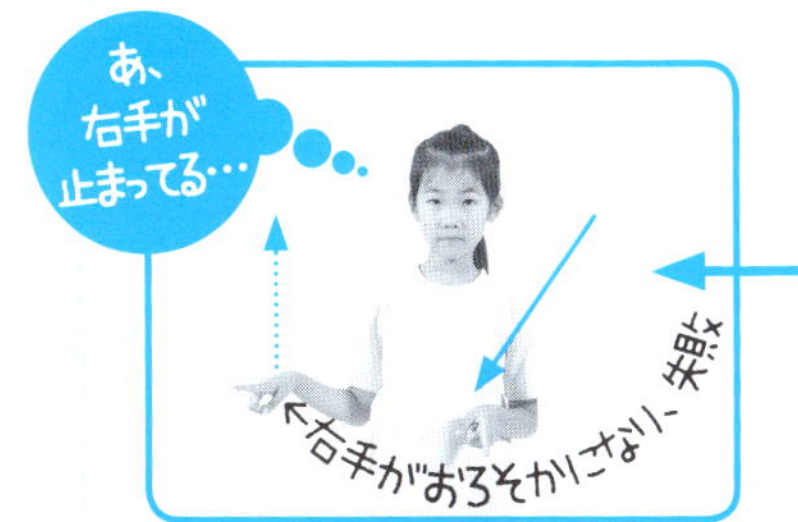

Week 4 /3

指揮者ごっこ②三角形と四角形

イメージと動きをリンクさせる

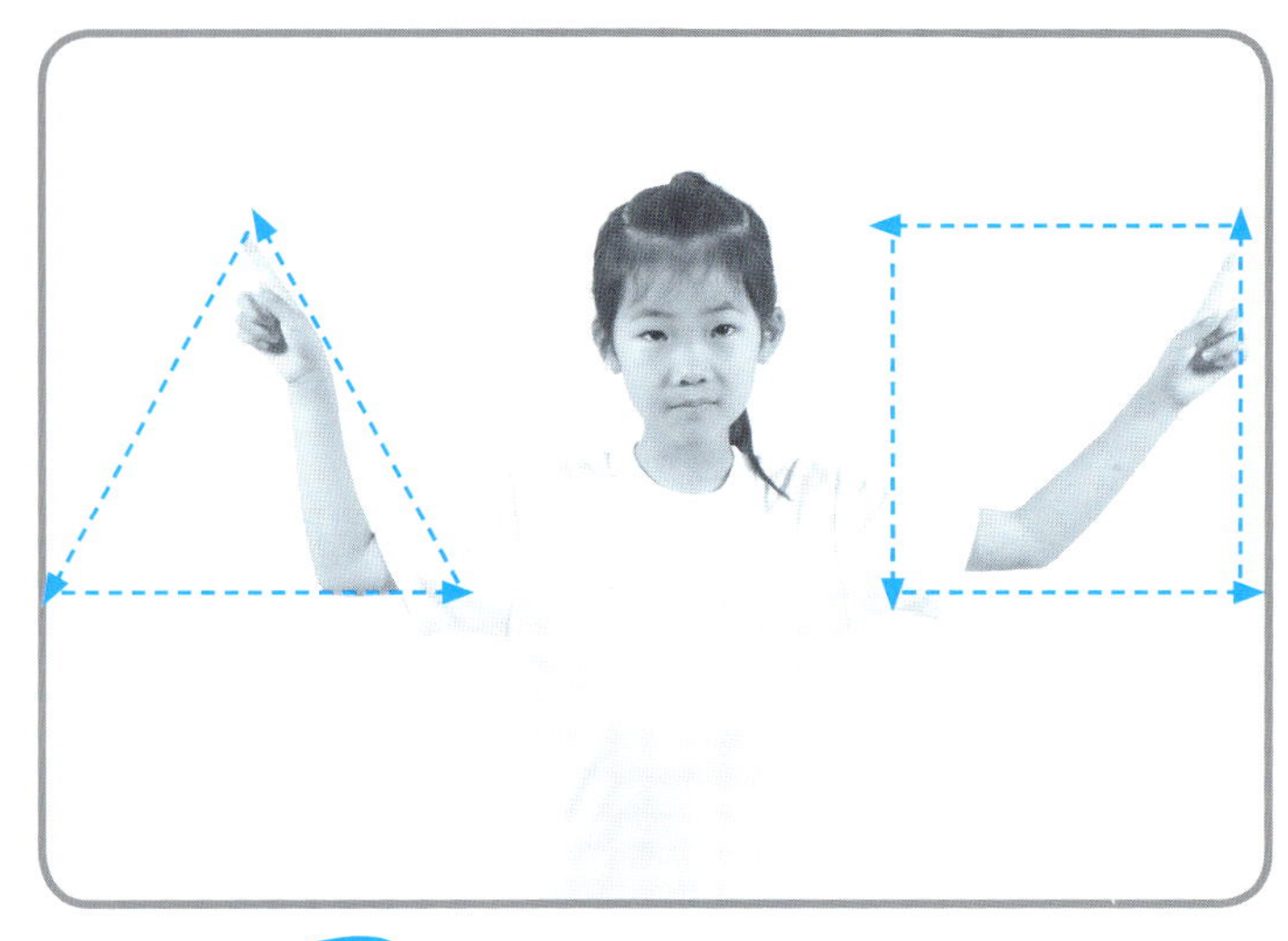

二拍子と三拍子の発展形です。それぞれの手で描く三角形、四角形どちらもきれいな図形で描けるように意識しましょう。頭の中にその形を鮮明にイメージして再現します。イメージと体の連動をさらに高めるメニューです。

1. 人差し指を立てた両手を頭の高さに上げて構える
2. 右手は三角形を描くように三拍子、左手は四角形を描くように四拍子で同時に動かす
3. 12拍目で両手ともスタート位置に戻る
4. できる速さで繰り返し、スピードを上げていく
5. 左右を入れ替えたり、片手を円にするなど難しくしてみる

きれいな三角形・四角形を描くことを目指してください。難しい場合は三角形と四角形を描いた紙を机に置いて、カウントに合わせて線をなぞることから始めるのもおすすめです。図形のイメージを描く助けになります。

やってみましょう！ トレーニング法

1 一拍目：右手は三角形、左手は四角形の一画目を描く

右手は斜め下に下ろし、左手は横に動かす

2 二拍目：右手は三角形、左手は四角形の二画目を描く

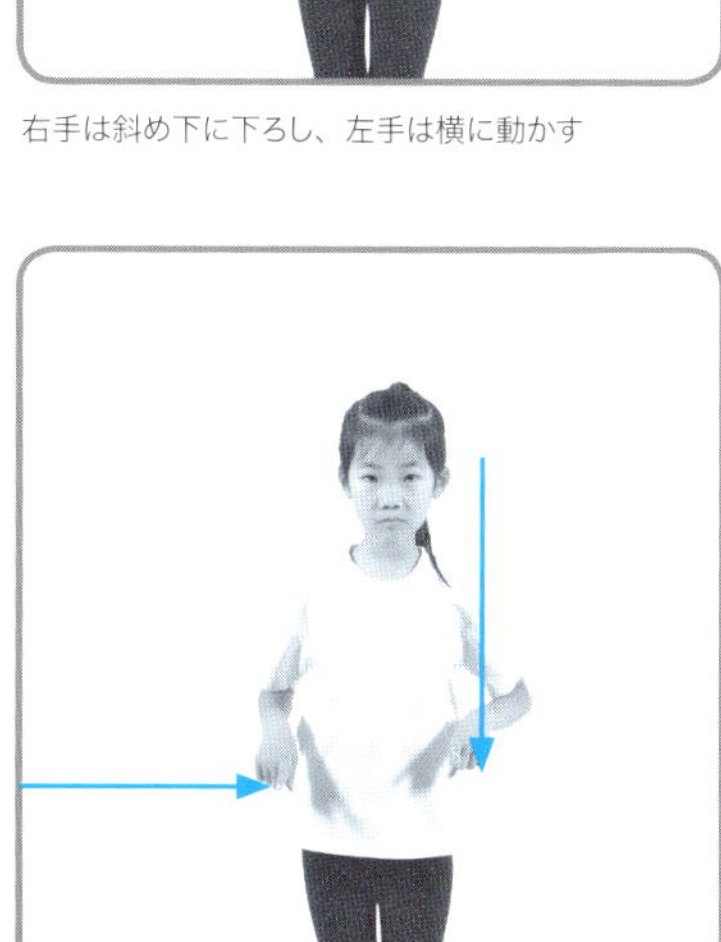

右手は横に動いて底辺を描き、左手は下に下ろす

3 三拍目：右手は三角形完成、左手は四角形の三画目を描く

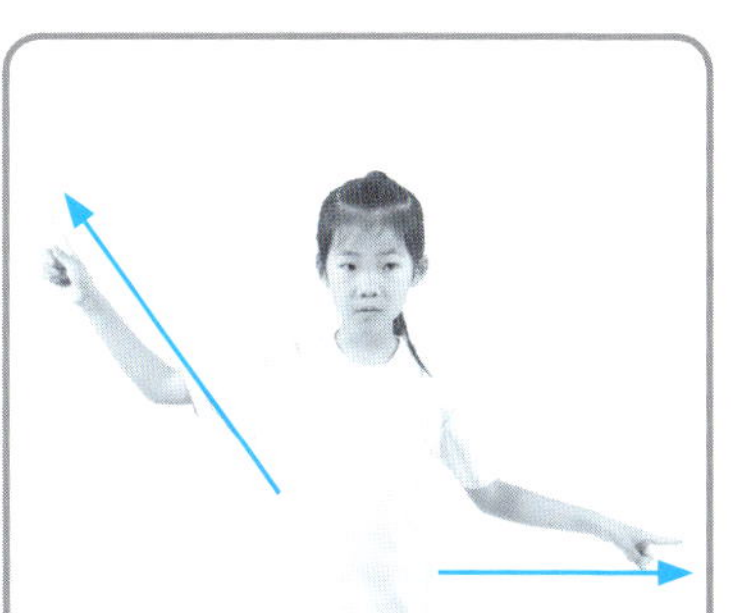

右手は斜め上に動き、左手は横に動いて底辺を描く

4 四拍目：右手は一画目に戻り、左手は四角形完成

右手は再び斜め下へ、左手は上へ。この流れで左右独立した動きを続け、右手が三角形を4回、左手が四角形を3回描いたときにスタート位置に戻る

難易度アップ

片手を丸(円)に変えてみる

片手が三角形や四角形の図形を描き終わるのと同時に、もう片方の手は丸を描き終えるチャレンジ。

なめらかな線のコントロールはかなり高難度！

ムズかしい…

ビジョントレーニングでこんなに変わった！ ①スポーツ

さまざまな競技で代表選手を輩出

私の教室に通ってくる生徒さんたちの中で、通い始めてから走るのが速くなったという子は少なくありません。教室で走る練習をするわけではありませんが、ビジョン能力の向上とともに体に中心線が形成されて、フォームが良くなって速くなるのだと思います。

運動が苦手だった子が、地区の代表選手に選ばれるくらいに成長する様子をこれまでたくさん見てきました。たとえば、小学校4年生の終わり頃にバスケットボールを始め、1年あまりでキャプテンに任命されて地区の代表に選ばれた子や、サッカークラブでキー

コラム

パーをやってみたら格段に上手く、やはりすぐに地区の代表に選ばれた子もいました。その子は「どうしてそんなに上手いんだ?」と聞かれて、「ビジョントレーニングをやってるから」と答えたといいます。ビジョントレーニングで身につく、眼で見てから動作までの反応スピードは、特にサッカーやバスケットボールに活きるようです。

また、4年生くらいから野球を始めた女の子がいました。1年生からやっていた男の子たちの中に途中から入ったため、あまり試合に出してもらえなかったようですが、6年生になって初めてピッチャーを任されたら、完封勝利して周りを驚かせたといいます。本人も嬉しかったようで、中学生になってからも野球を続けているそうです。

初めて教室に来たときには運動が苦手だった子が、中学生や高校生になって「運動部でキャプテンを務めています」と報告してくれることは、とても嬉しいことです。

Week 1
〜
Week 4

トレーニングを続けるコツ 2

子どもの呼吸に合わせる

お子さんがやりたいと思えるタイミングで声をかければ、毎日のトレーニングがスムーズになります。お子さんが動きやすい時間帯や疲れてしまうサイクル、眠くなる時間などを見極めて、活動的な時間帯に遊び感覚でトレーニングを組み込んでいきましょう。「今日は午前中に済ませたい」などと大人の都合で考えず、子どものペースに合わせると、無理なく自然に続けることができます。

4章

2ヶ月目トレーニング

Week 5〜Week 8

眼を動かしながら出力もする、複合的なメニューが増えてきます。
苦手なものが出てきても、こなせるまで繰り返し取り組みましょう。

Week 5 /1

レイン棒を渡ろう

跳躍性眼球運動の練習

このトレーニングのねらい

2本の棒につけたレインボーカラーのマークの間で視線を行ったり来たりさせて、素早く視点を動かすトレーニングです。この視点を瞬間移動させる動き（跳躍性眼球運動）は、特に球技などで必要な眼の動きです。

Step

1. 40～50㎝くらいの細い棒（さいばしなどでOK）に、10㎝程度の等間隔でカラーテープなどのマークをつけた"レイン棒"を2本用意
2. レイン棒を両手に肩幅で持ち、いちばん上のマークが頭より上、いちばん下が顔より下になるようにセット
3. 左上のマークから反対の同じ色に視点を移動
4. ジグザグの移動で上から下へ同様に行う
5. 下までいったら上に戻り、繰り返す
6. アレンジメニューで違う方向の眼球運動もやってみる

動きをゆっくり追う追従運動と違い、視点を瞬間的に飛ばす運動です。追従と同様に顔は固定します。最初はレイン棒の間を少し狭く持ってもOKです。このトレーニングで視点の移動が速くなれば、いろんなスポーツに活かせます。がんばって習得しましょう。

トレーニング効果 → 入力

やってみましょう！ トレーニング法

1 2本の棒のマークを上から下、左右交互に両眼で見る

左の先端の赤からスタート。クリアにピントが合ったら、右の赤に視点を移動。次は左の黄色を見る。同様に下までいき、繰り返す

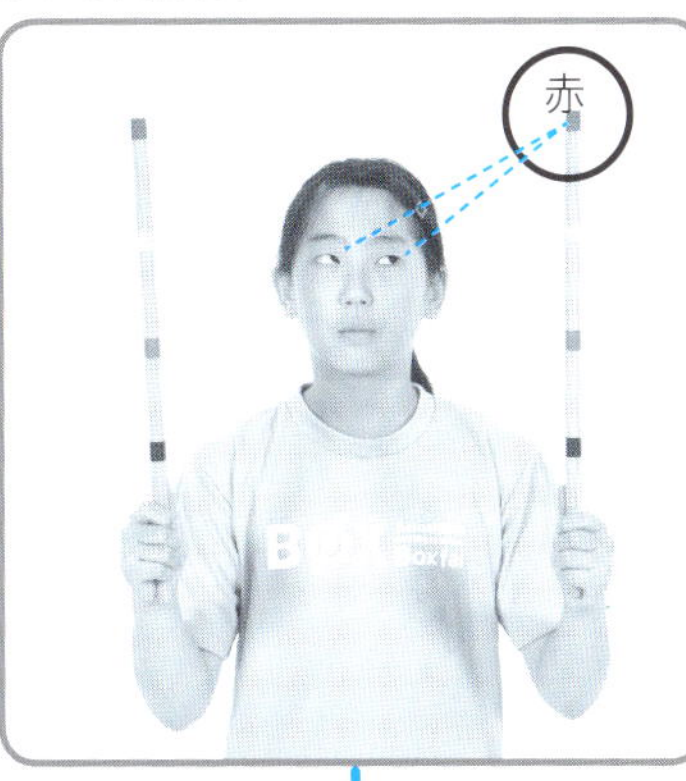

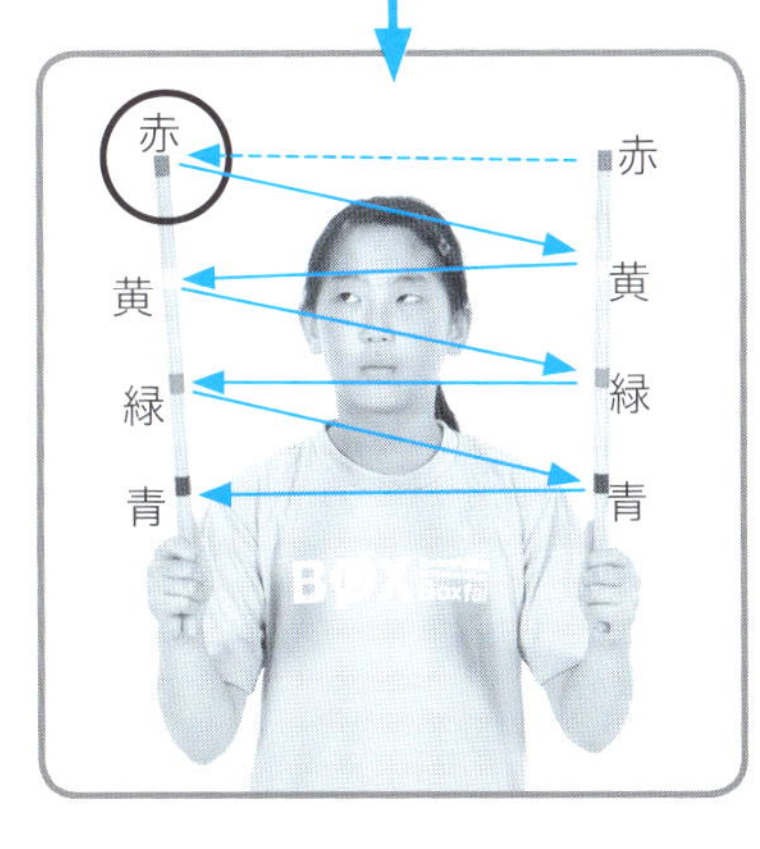

2 前後に距離をつくる

1本の棒を体に近づけ、もう1本は離して①と同じことを行い、遠近に視点を移動させる

難易度アップ

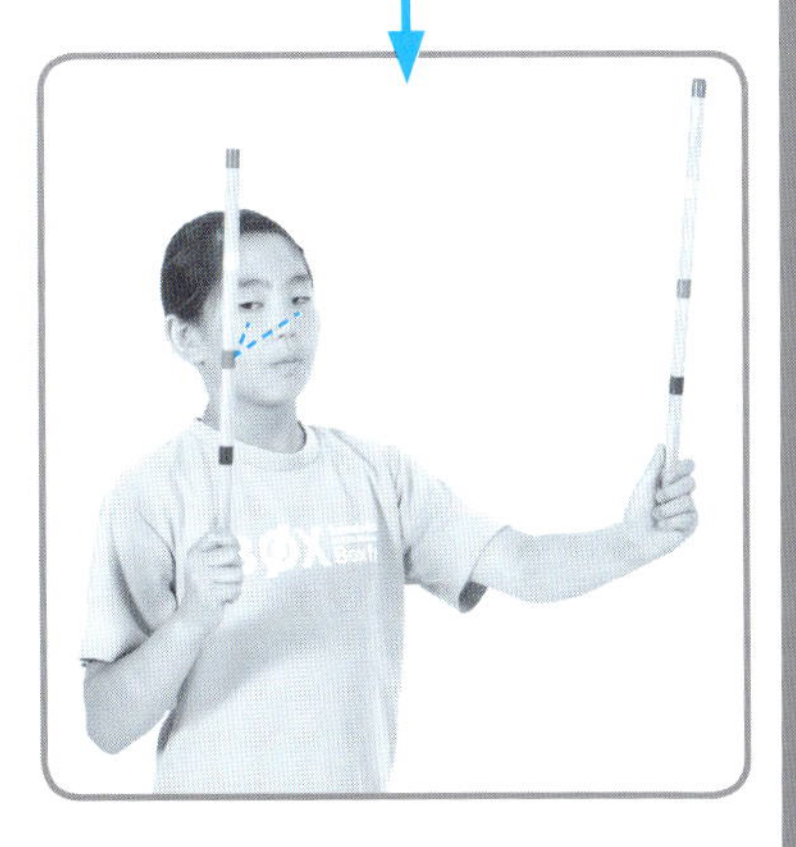

アレンジ 自分の親指の間で視線をジャンプ

両手の親指を交互に見ることでも眼の跳躍運動ができます。左右、上下、左右斜めの8方向に行いましょう。

左右にジャンプ

斜めにジャンプ

Week 5
/2

ハイ&ロータッチゲーム

瞬時に大小を判断してカードにタッチ

このトレーニングのねらい

トランプのカードの数の大小を瞬時に判断して、大きい方からタッチするゲームです。マークの数が多いか少ないかで判別できるので、数字がわからない小さなお子さんも行えます。マークの密度(多い・少ない)を追ううちに基本的な大小が理解でき、数の概念も育ちます。

Step

1. トランプを用意する
2. 大人が2枚カードを同時に出す
3. 子どもは出たカードを大きい数→小さい数の順にタッチする
4. タッチできたらすぐに大人が次のカードを出し、繰り返す
5. 速くできるようになったら、難易度を上げてみる

カードを全部使うと、同じ数が出る場合もあります。そのときは両手でタッチするといいでしょう。同じマークの13枚を使えば同じものが出ることがないですし、最後に残った1枚の数当てクイズもできます。最初はできるだけ速くタッチすることを目標にしましょう。

トレーニング効果→ 入力 出力 **情報処理**

やってみましょう! トレーニング法

1 大人が出した2枚のカードを大きい方からタッチする

パッと出されたカードの数字の大→小の順でタッチ。できたらすぐ次のカードを出し、タッチ→出す→タッチ→出す…とテンポ良く続ける

2 カードの間を離す

大人がカードの間を広く離して出す。短時間で二つの数を把握しづらくなる中級編

3 枚数を増やす

難易度アップ❷

大人が素早くパパパパッと4枚出し、子どもは大きい数から4枚タッチする。倍の情報処理が必要になる上級編

ポイント

数を映像で把握する

速く正確にできる子ほど出たカードを覚えています。数で考えず、見たカードを映像でとらえて反応するからです。

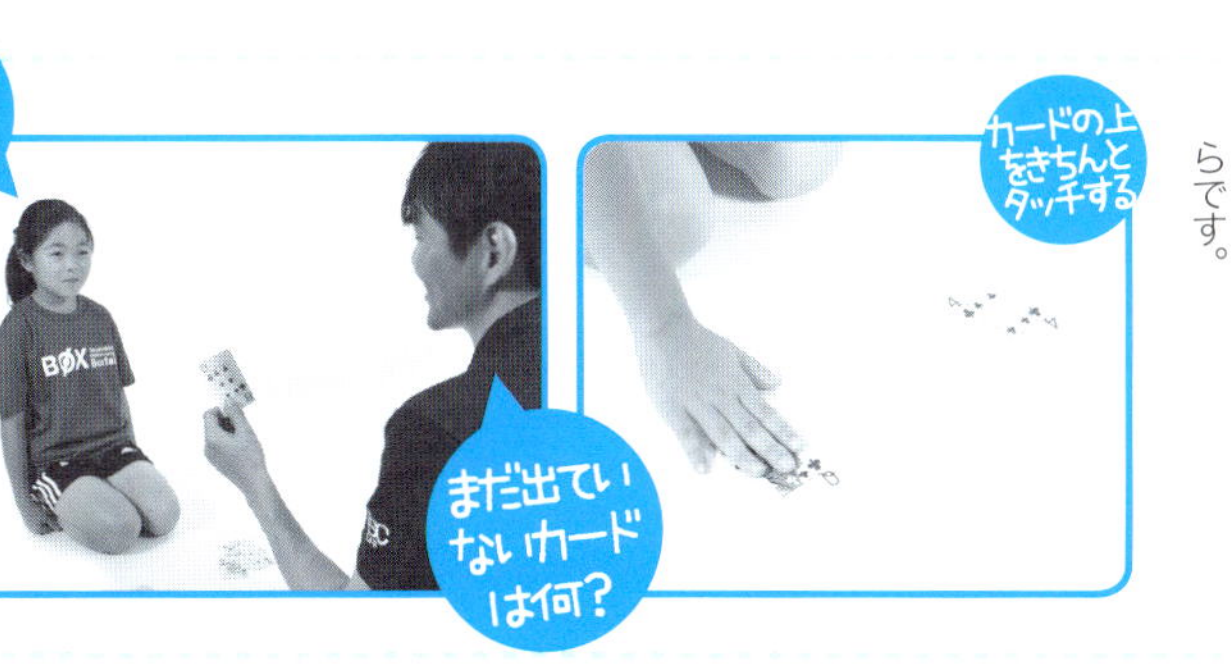

うーんと…6?
まだ出ていないカードは何?
カードの上をきちんとタッチする

Week 5 /3

9マスクイズ

基本的な位置感覚を身につける

3秒間で複数のコマの配置を覚えて、自分で同じように再現するクイズです。中心から見て上・下、左・右、斜め上・斜め下で構成される9マスは、空間認知のベースになります。9マスのどこにあったのかを記憶することで、空間的な位置を把握する力がつきます。

Step

1. 30cm四方くらいの枠を9マスに区切った紙などを二人分、マグネットや碁石などのコマになるものを8個(二人分)用意
2. 大人がコマを配置したお手本を作り、3秒見せる
3. お手本を隠し、子どもはお手本通りにコマを置く
4. 答え合わせをし、間違いは正す
5. できるようになってきたら難しくして挑戦

1秒未満だけ見る「瞬間視(フラッシュ)」は、9マスの位置関係を認識するより、配置を映像で記憶するので、3秒とは違う情報処理になります。どちらも大切ですから、1秒未満にも挑戦してみてください。

やってみましょう! トレーニング法

1 お手本の配置を3秒で覚える

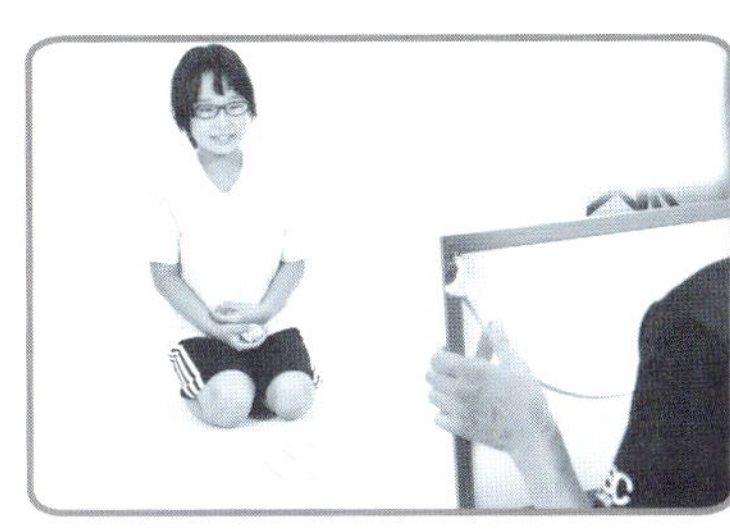

大人がコマを置いたお手本を3秒見せる。子どもは覚える

2 記憶したようにコマを並べる

大人はお手本を隠す。子どもは自分の9マスにお手本を再現

3 完成

できたと思ったところで申告して、答え合わせへ

4 答え合わせする

お手本と見比べ、違っていたら、正しく並べ替える。慣れてきたら、見せる時間を2秒、1秒と短くしていく

難易度アップ マスの数を増やす

9マスができたら4×4の16マスや5×5の25マスに挑戦!

難易度アップ② じゃま者クイズ

いろんな色のコマが混ざった中で、指定された色だけを覚える上級者編

Week 6 /1

あ・か・さステップ

聞いた一文字に反応して左右にステップ

このトレーニングのねらい

どんなスポーツにおいても、判断のスピードと、それに反応して速く動けることが重要です。このトレーニングでは、15種類の文字を素早く3種類に分類して、それぞれに対応して左右や上下に体を動かし、判断と反応の初速度を高めることができます。

Step

1. 両サイドにタッチするものを決めて、その真ん中に立つ（距離は 1.5 mずつ程度。クッションなどものを置いたり、家具や壁の目標を決めるのでも良い）
2. あ行は右、か行は左、さ行は動かずその場で床をタッチするルールを確認
3. 大人があ行、か行、さ行の 15音の中からどれか一つを言う
4. 子どもは音に反応してルール通りに動き、繰り返す

「あ行」と「か行」二択の初級編から「さ行」を増やして三択に、その後「それ以外」を混ぜた四択と難易度を変えられます。左右のタッチは低い位置に決めてしゃがむ動作も入れ、体をたくさん動かすのが理想。距離を広げてサイドステップするのもいいですね。

トレーニング効果 → 情報処理 出力

やってみましょう！ トレーニング法

1 タッチするものの中央に立って準備

軽くひざを曲げ、動きやすい姿勢で構える

2 「あ行」の音のときは右をタッチする

素早く右に動き、しゃがんでタッチして戻る

3 「か行」の音のときは左をタッチする

同様に左に動き、しゃがんでタッチして戻る

4 「さ行」の音のときは床をタッチする

その場でひざを曲げて床を触る。大人はランダムに出題し繰り返す

難易度アップ

あ・か・さ行以外の音も混ぜる

あ・か・さ行で慣れたら、それ以外の音も混ぜて「それ以外」はジャンプなど、動きを増やして負荷をかけます。

は
NG！
まちがえた…
うっかり左へ…

ね
OK！
ジャンプだ！
その場で跳ぶ！

Week 6 /2

トロンボーン

遠近の動きを追って“寄り眼”と“離し眼”の練習

このトレーニングのねらい

トロンボーン奏者のように前後に動かす手を両眼で追って、近くでもピントを合わせる訓練です。外遊びの減少の影響か、眼の遠近の動きに弱い子が増えました。遠くを見る〝離し眼〟から、近くを見る〝寄り眼〟を繰り返して、遠近を見る力をつけます。

Step

1. 親指を立て、顔の前に眼の高さで腕を伸ばしてスタート
2. 親指の先を見つめたまま、
ひじを曲げて親指を顔にまっすぐ近づけていく
3. ぼやけたり二重に見えたりする直前でストップ。
少しキープ
4. 指先から視線を離さず、親指を顔から遠ざけていく

焦点を合わせるのは「毛様体筋」、眼を内側に寄せるのは「外眼筋」の働きです。トレーニングを続ければ、毛様体筋は柔軟に、外眼筋はスムーズに動かせるようになっていきますよ。

トレーニング効果 → 入力

やってみましょう! トレーニング法

1 親指の先から眼を離さずにゆっくり親指を顔に近づける

ひじは伸ばし、親指の先を両眼でしっかり見てスタート

見つめたままひじを曲げて親指を顔に近づけていく

2 両眼でしっかり見えるところまで近づける

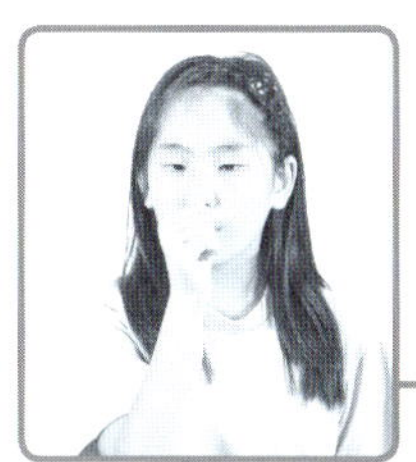

さらに近づける。頭を動かさないように

ぼやけたり二重に見えたりしないところまで近づける。限界で少しキープ

チェック! どこまで焦点が合うのか確認

顔から何㎝くらいのところまで焦点を合わせせられるのか、大人が時々チェックしてあげましょう。

Week 6

/3

キョロキョロ平均台

眼球運動をしながらまっすぐ歩く

視線を動かすたびに体がふらついてしまうと、スポーツのプレー中にロスが多くなります。眼球を動かすとバランスを崩しやすいですが、そうした負荷をかけながらもセンターをキープし、バランスをとって一直線の上を歩くトレーニングです。

1. 幅6〜8㎝、長さ1.8mくらいの板を用意（写真では幅6㎝を使用）
2. 子どもは板の端に立ち、大人は鉛筆などの目標物を持って向かい合って立つ
3. 子どもは鉛筆の先（消しゴムの部分）を見つめて前進する
4. 大人は子どものペースで後ずさる
5. 子どもは目標物から眼を離さずに板を渡り切る
6. 慣れてきたら、大人が目標物を動かす範囲を広げてスピードに強弱をつけたり、2個にしたりする

私が現役時代にもやっていた高度なトレーニングです。足元を見ずにまっすぐ一点を見つめて歩くことから始めましょう。眼を動かしながら歩くのは少し難しいので、初めはゆっくりからでOK。眼を動かし続け、バランスをキープすることに集中しましょう。

トレーニング効果 → 入力　出力を高める

やってみましょう！ トレーニング法

1 鉛筆の先を見つめて平均台渡りスタート

板の端に立ち、大人の持つ鉛筆の先を見つめる

動いている鉛筆の先を見ながら前進する。顔は動かさず眼だけで追う

2 動く鉛筆の先から眼を離さずに渡り切る

大人は鉛筆の動きを徐々に大きく、速くする。子どもは顔を動かさずに眼だけで追う

眼が左を見ても体はまっすぐ前進。落ちずに端まで歩く

難易度アップ

２本の鉛筆を交互に見ながら渡る

メトロノームや大人の「1、2…」などのかけ声に合わせて、２本の鉛筆の先を交互に見ながら歩きます。

高低差も入って高難度！

さらに遠近の動きも入れたら上級者！

Week 7 /1

投げ上げキャッチ

視線の移動に手足を連動させる一人キャッチボール

このトレーニングのねらい

下から高く投げて落ちるボールの動きを眼で追いかけて、普段の視界より広い範囲に視線を動かします。そのボールの動きに反応して体を動かしていくうち、眼と手の協調性が高まっていきます。

Step

1. カラーボールを2個用意
   (子どもが片手で握れるサイズ、ポリエチレン製などの柔らかいものを使用)
2. お腹の前でボールを持ち、頭より上まで投げ上げる
3. 落ちてくるボールをお腹の前でキャッチする
4. 反対の手、足を通す、両手でやるなど
   難易度を上げてみる

多くの子が、もともと見えている自分の視界の中でやろうとして、胸の前から投げてキャッチしようとしがちです。視界の外、お腹の高さから頭より上にボールを投げて、視線をしっかり動かしましょう。このトレーニングは顔を動かしても大丈夫です。

トレーニング効果→ 入力 出力

やってみましょう！ トレーニング法

1 お腹の前にボールを持って構える

肩幅で立って、お腹の前でカラーボールを持つ

2 ボールを頭より上まで投げる

見上げないと見えない高さまで投げ上げる

3 ボールの落下予測地点にスタンバイ

ボールから眼を離さず、手で落下地点に迎えにいく

4 お腹の前でキャッチする

最後までボールを眼で追って、お腹の前でボールをキャッチ。10回落とさずに連続してできたら反対の手も行う

難易度アップ

動作をもう一つ増やすことで、体の連動力をさらに高めましょう。

脚を通す

脚を軽く上げて下からボールを投げ上げ、脚を戻してキャッチ。

腕を通す

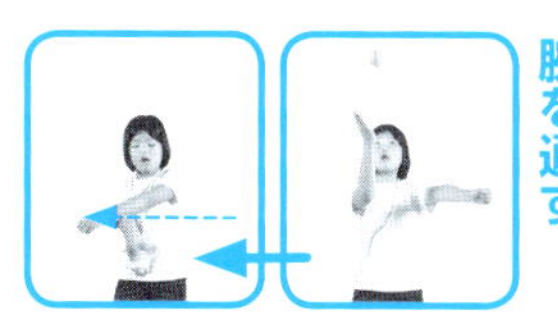

ボールを持っていない方の腕を伸ばして体の外へ。ボールを投げ上げ、ボールが上がっているうちに伸ばした腕を反対側に動かし、落ちてきたボールをキャッチ

2個同時にキャッチ

両手にボールを持って基本のやり方のように同時に投げ上げ→キャッチする

Week 7 /2

ぞうきんがけ

全身を使ってバランスの良い体をつくる

ぞうきんがけは、腹筋や背筋、腕や肩、足の力を鍛え、全身の基礎をつくる運動です。体を腕で支える形になるので、自分の体を支持する力が養われます。同時に足腰も使い、いちばん力を発揮できる体勢（パワーポジション）がとれるようになります。

1. ぞうきんを用意
2. しゃがんで床に置いたぞうきんに両手を乗せる
3. 腰を上げ、ぞうきんを押し出すように前進してぞうきんがけ
4. ぞうきんの大きさを半分、四分の一と小さくしてみる

低い姿勢で速く移動すると、景色がどんどん変わっていき、多くの視覚情報処理が必要です。そのため、コーナーを曲がろうとすると体の傾きなどに混乱して倒れてしまったりします。お手伝いに取り入れて、低い視点を経験する機会にするのもいいですね。

トレーニング効果 → 出力を高める

やってみましょう! トレーニング法

1 床に置いたぞうきんに両手を乗せ、手足を使って走る

腰を下ろして床にぞうきんを置き、両手を乗せる。顔は前を向く

腰を上げ、ひじは伸ばしてぞうきんを押して走る

2 ぞうきんのサイズを小さくする

支えが少なくなっても倒れずに前進する

ポイント

全身の筋肉を使ってバランス感覚を養う

体の軸が試される運動です。指を丸めたりせず床にしっかり手をついてバランスをとりましょう。

競争すると燃える!

Week 7 /3

ヘッドスウィング

焦点を固定したまま頭を動かす

動くものを眼で追うのではなく、動かない一つのものを見続けたまま自分が動く練習です。サッカーやバスケットボールのゴールを見ながら走るような状況に似ています。焦点を固定していても首を自在に動かせるようにトレーニングします。

1. 親指を立てて顔の前にセットし、指先を両眼で見る
2. 親指を見つめたまま首を左右に振る
3. 親指から眼を離さずに鼻で円を描くように首を回す

慣れないうちは、首を振るのと一緒に手も動かしてしまう場合があります。指が動かないように大人がチェックしてあげてください。指を固定するより、ペンや鉛筆を手に持って固定するほうがやりやすいかもしれません。

やってみましょう! トレーニング法

1 顔の前の親指に視点を固定して首を右に振る

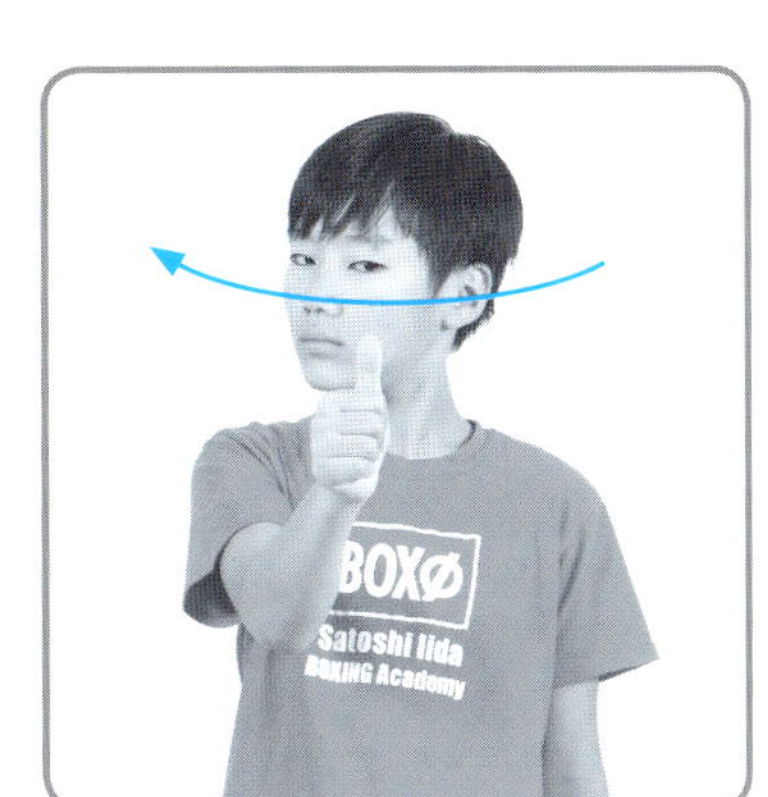

眼の高さに親指を置いて指先を見つめ、視点を変えずに右を向く

2 視点は固定したまま顔を戻し、そのまま左に首を振る

両眼で見えるところまでいったら正面に顔を戻し、そのまま逆へ

3 指を見たまま頭を回してさまざまな角度から親指を見る

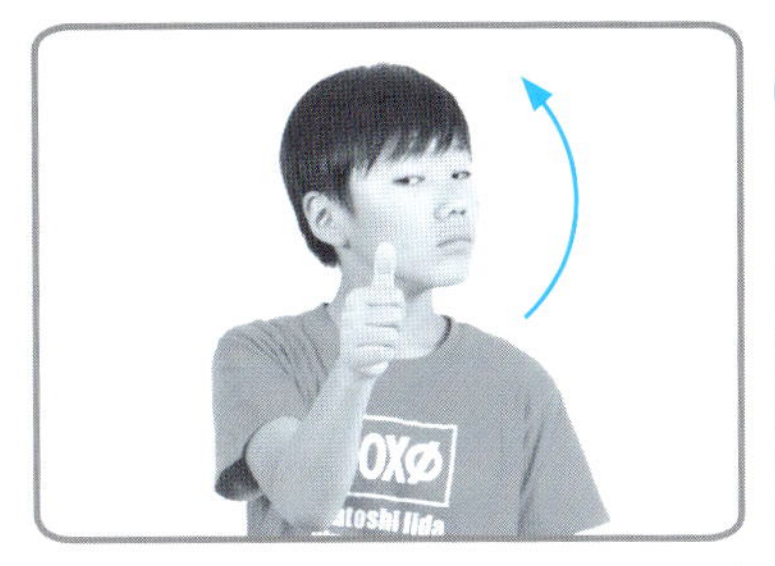

時計回りに一周。あごを上げていくと視線は横から斜め下へ

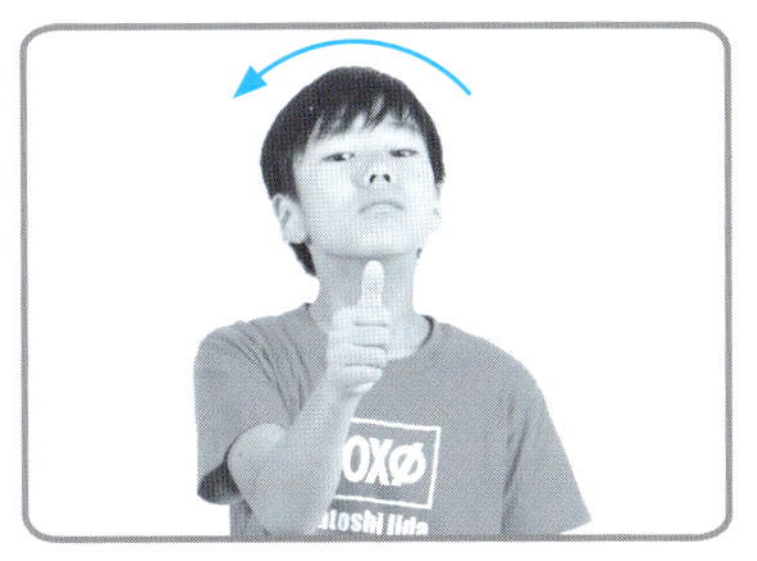

顔を上まで移動。親指を見下ろす目線は伏し目に

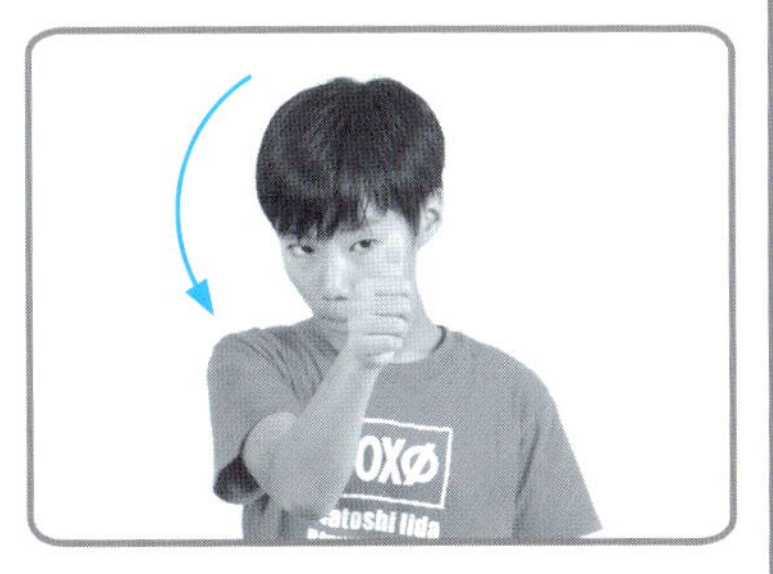

顔が下にいき、上目遣いになっても視点ははずさない。このまま一周する。反対回りも行う

ポイント

視野の限界をチェック

頭を動かすのは、指が両眼で見えている範囲内です。片眼を閉じてみてどこまで見えるのか確認しましょう。

Week 8 /1

ぞうきんスケート

股関節を使ってイメージ通りに体を動かす

あまり正座をしない時代になって股関節が硬い子も目立ちますが、どんなスポーツにも股関節の柔軟性が不可欠です。スケートの動きは、股関節を動かして柔軟にしつつ、安定した動きのできる〝腰のすわり〟を覚えられるトレーニングです。

1. ぞうきんを２枚用意する
2. ２枚のぞうきんに片足ずつ乗せて立ち、足を滑らせてスケートのように移動
3. 速く動き回れるまで繰り返す

速く進もうとしすぎて、チョコチョコ小股になってしまうと、股関節が動きません。ひざを曲げて腰を落とし、スケートのように大股で１歩を大きく出して滑ろうとするうちに、自然と腰がすわってきます。この「腰のすわり」は、スポーツ全般に役立ちますよ。

やってみましょう! トレーニング法

1 2枚のぞうきんに片足ずつ乗せ、滑るように進む

少しひざを曲げて腰を落とした姿勢で構える

足を離さずに左右交互に前に出して進んでいく

2 競走やリレー形式でスピードに挑戦

友だちやきょうだいなどとリレー形式でバトンタッチ

腕も振りながらできるだけ速く滑る

ポイント

重心を落として腰がすわった位置を知る

かかとが浮かないように注意。ひざを曲げて足の裏を全部つけて進むと、腰のすわった位置がわかってきます。

OK!
かかとをつけて
ひざを曲げ、
重心が低い

NG!
かかとが上がっている

Week 8

/2 ブロックをコピー

色と形を記憶して再現する

配置を隠すために市販のボックスが便利。布などで隠してもOK

不規則に並べ、積まれたブロックの配置を覚え、隠された後に思い出しながら再現します。色や形を把握し、上下左右、前後という空間的な位置をつかむメニューです。P74の「9マスクイズ」は二次元でしたが、今回は三次元的な視空間認知を高めます。

Step

1. 数種類の色・形のブロックや積み木などを5～6個程度、2セット用意
2. 大人がブロックをランダムに配置する
3. 大人が配置したブロックを3秒間見せて、子どもはそれを記憶
4. 子どもは自分のブロックで配置を再現
5. 答え合わせ。子どもは間違っていたら自分で修正する

使うブロックはできるだけ色・形のバリエーションが豊富なほうがいいですね。三角形のブロックは置き方のパターンが多いので、ちょっと難易度が高めです。どの向きで置かれていたのかまでしっかり見るようにします。

やってみましょう！ トレーニング法

1 大人がブロックをランダムに配置する

大人が手元を隠してブロックを並べる

2 3秒で記憶する

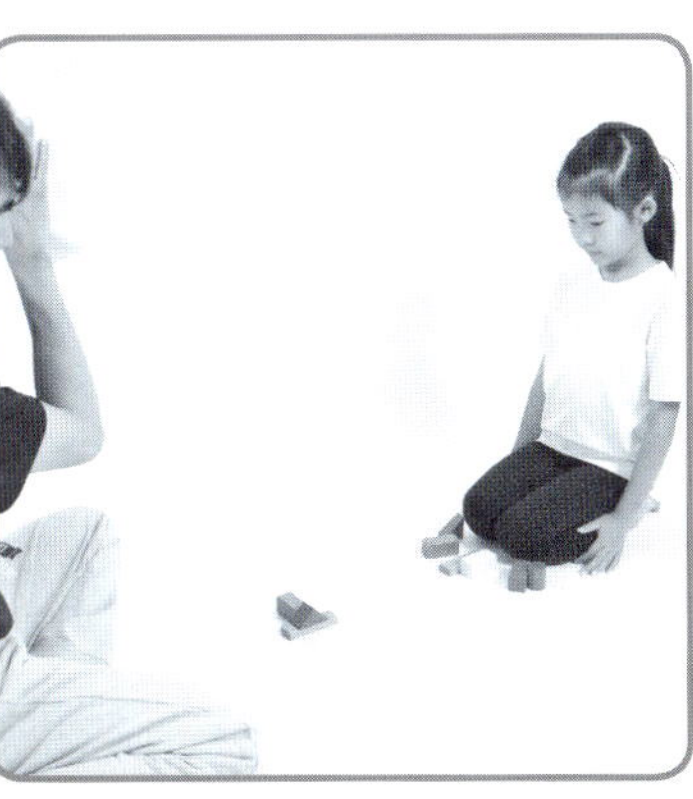

大人が3秒間ブロックを見せ、子どもは手を動かさず記憶に集中

3 ブロックを見た通りの形に再現

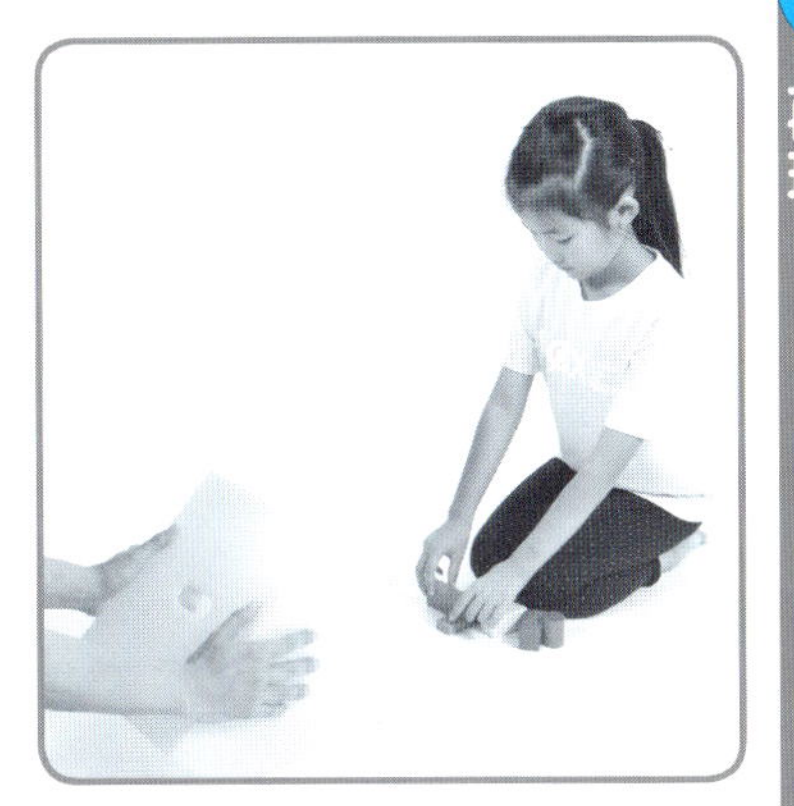

大人は再びブロックを隠す。子どもは記憶を頼りに並べる

4 正解と照合する

場所・置き方が完全に一致しているか確認。間違いは自分で正す

難易度アップ

並べる個数を増やす

ブロックが増えれば、並べる組み合わせが増えます。最初は3個、徐々に5個、6個などと増やしましょう。

Week 8

/3

お手玉とおにごっこ

ゆらゆら動くお手玉に追いついてタッチ

ランダムに動くお手玉を、指やひじ・ひざなどでタッチ。動きを追い、しっかり触れることによって、眼の動きと体の連携がスムーズになります。また、あまり使わないひじやひざを使うときには体をどう動かせば良いのかを体で学び、「身体意識」も高まります。

Step

1. お手玉くらいのサイズ・柔らかさの目標物に、ひもなどをつけたものを用意（写真ではお手玉に平ゴムを縫い付けて使用）
2. 大人はひも部分を持ち、ぶら下げて最初はゆっくり横方向に移動させる。子どもはお手玉を追いかけて指でタッチ
3. 大人は徐々にスピードを上げて上下左右ランダムに移動させる。前後の動きも入れる
4. 片手の指でできたら左右交互の指で→ひじで左右交互→足で左右交互など、タッチする場所を変える
5. 大人が出す「手」、「ひじ」、「足」などのランダムな指示に従ってタッチする

片眼で見がちな子は焦点が合わずに空振りしたり、視点のジャンプ移動が苦手な子は一気に遠くに動くと見失ったりします。お子さんが楽しめる移動範囲と速さで動かしてあげてください。ゴムをつけると弾んで不規則に動くので、ゲーム性が上がります。

トレーニング効果→ 入力 出力

やってみましょう! トレーニング法

1 大人が移動させるお手玉を追いかけて指で触る

ここだ!

大人は子どもの前でお手玉を動かす。初めはゆっくり、小さく。徐々に速く、振れ幅を大きく。逃げるようにしてもOK。子どもは追いかけてタッチ。できたら左右交互に行う

2 動くお手玉をひじでタッチ

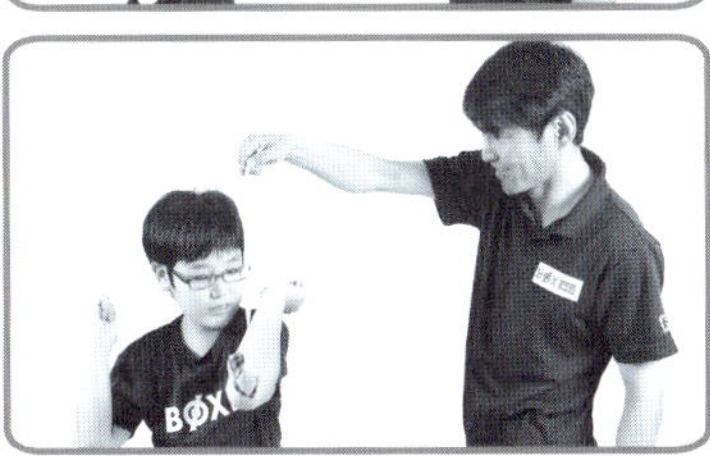

指と同様に左右のひじを交互に使ってタッチ。足でも行う

3 指(手)、ひじ、ひざ、足を使って指示通りにタッチ

大人は上下左右、奥行も使ってお手玉を移動させ、「ひじ」「ひざ」「手」などの指示を出す。子どもは指示された場所で左右交互にタッチする

アレンジ 風船でリフティング

動きが予測しづらいけれどゆっくり動く風船を使えば、一人でも同様のトレーニングができます。

足も使って、落とさないように!

ひじ、ひざ、できるだけ長く

ビジョントレーニングでこんなに変わった！ ② 学業・芸術

国語・算数・図工などの授業でめざましい変化

ビジョントレーニングは、学校の授業などの勉強面でも子どもたちに大きな変化をもたらしてきました。

眼球運動で視点を素早く動かすことができるようになると、黒板の文字をノートに写すスピードが上がったり、本を速く読めるようになったりします。これは、どんな教科でも成績アップにつながる大きな要因といえるでしょう。

ビジョントレーニングで字がきれいになる子も多くいます。見た形を認知する力が上がるためと考えられます。そして形の認知力が上がると、漢字の「へん」と「つくり」を正確に覚えられるようになります。

また、トレーニングを通してイメージ力が高まることで、内容を把握する力がつき、理解力や読解力も上がります。

さらに、空間的な位置の理解が深まった子は、算数の図形の問題がすんなり解けるようになります。立体が把握できるようになると、展開図も苦労せずに理解できるようです。空間把握にイメージする力が加わると、図工で力を発揮する子どもも現れます。絵も上手になりますし、教室の卒業生の一人は、紙を繊細に切って表現する「切り絵」で素晴らしい作品を制作して、展覧会に出展しています。

「先生が次に何をしようとしているのか」を考え、先を見通した行動ができるようになった子もいますが、これはビジョントレーニングで身につけた高レベルのイメージ力です。勉強とは少し違いますが、そのような面もビジョントレーニングで培われる大切な知性であると考えています。

Week 5
〜
Week 8

トレーニングを続けるコツ 3

大人が
エンターテイナーになる

お子さんがトレーニングを続けるためには、大人が鬼コーチではなくエンターテイナーになれるかがカギです。やりたくないと言うときには「じゃあ、こんなことをやってみる?」と、さらに別の引き出しを開けてアドリブを効かせられるかが腕の見せどころ。お子さんの成長を一緒に喜び「できるようになったね!」と嬉しい顔を見せてあげることも、トレーニングの動機づけにつながります。

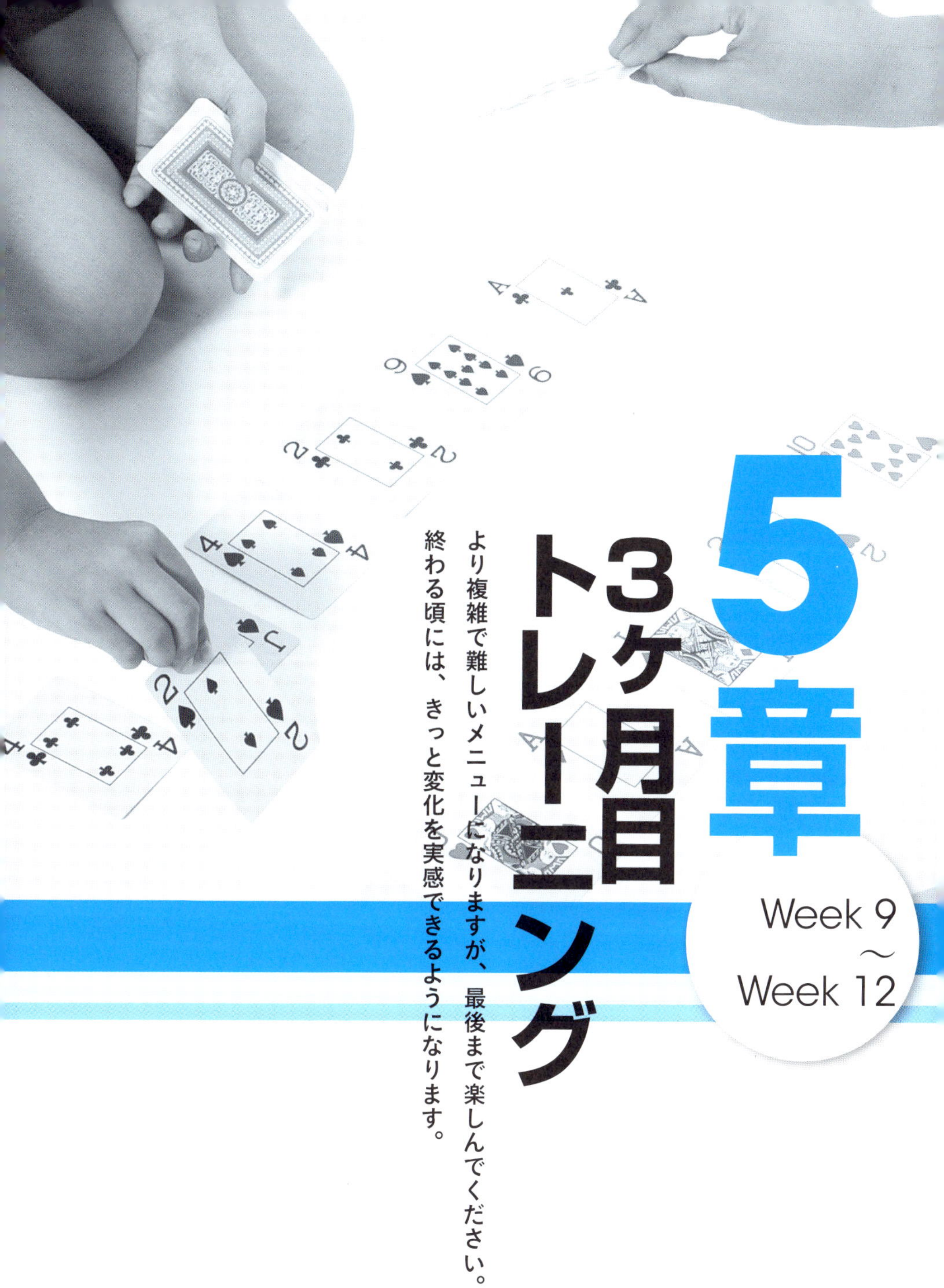

5章 3ケ月目トレーニング

Week 9 ～ Week 12

より複雑で難しいメニューになりますが、最後まで楽しんでください。
終わる頃には、きっと変化を実感できるようになります。

Week 9 /1

紙を使ってむすんでひらいて

5本の指を全部使って紙をクシャクシャ

視覚の情報処理が上手でも、それに対して適切なアクションが起こせなくては結果が出せません。そこで指先の「出力」の力を上げます。紙を丸めて開く作業を通して、5本の指を全部動かして使えるようにする練習です。

Step

1. A4の紙を1枚用意し、二等分する
2. 両手に1枚ずつその紙を持ち、同時に丸めていく
3. どちらも丸めたら、今度は広げて元に戻す
4. できるようになったら眼を閉じてやってみる

両手で同時が難しい場合は、片手ずつから始めてください。できるようになった子は、字が上手になったり、お箸をしっかり持てるようになったりします。小学校1年生なら、まず1枚を両手で丸めて、広げることから始めてみましょう。

トレーニング効果→ 出力を高める

やってみましょう！ トレーニング法

1 両手で同時に紙を丸める

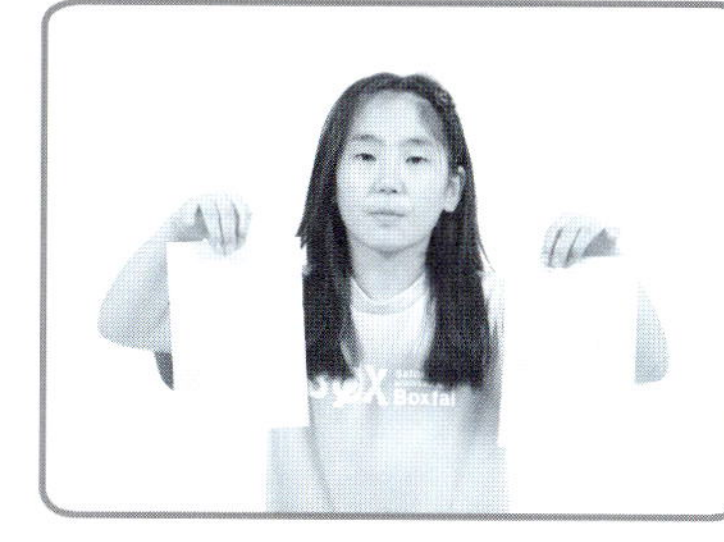

A5サイズの紙を両手に1枚ずつ持つ

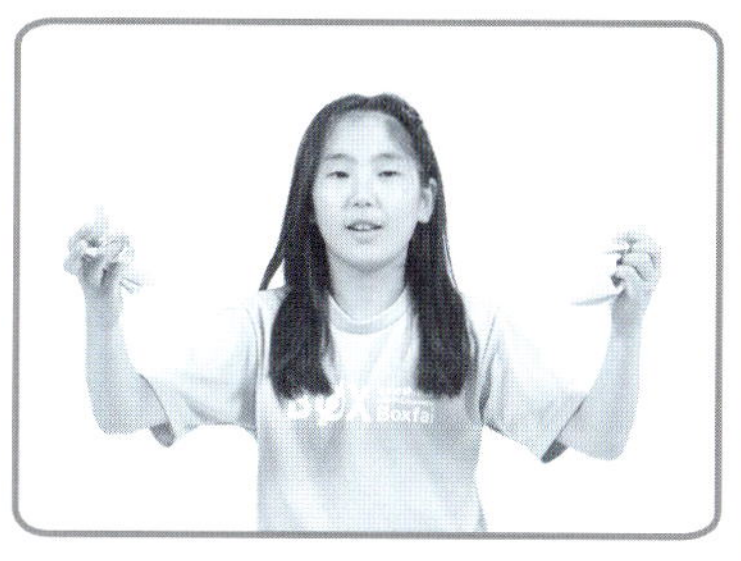

持った紙を、それぞれ片手だけを使って同時に丸める

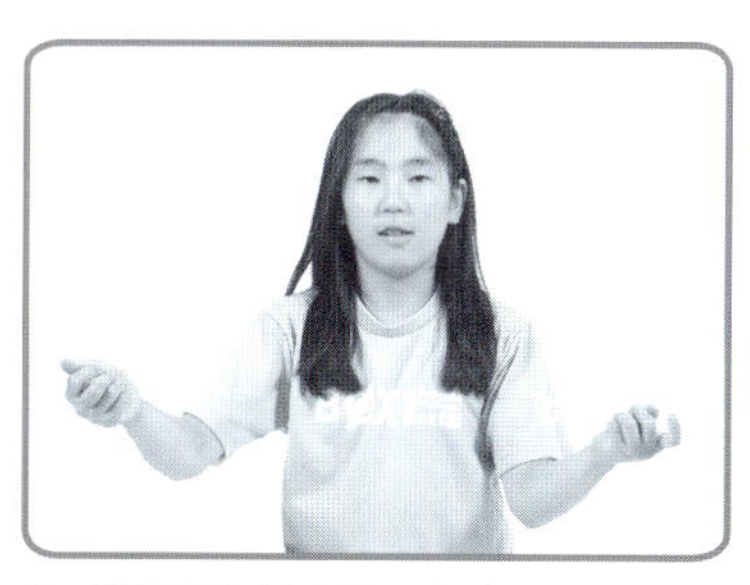

指で手繰り寄せたりしながら、手に収まるまで丸める

2 丸めた紙を両手同時に広げて元に戻す

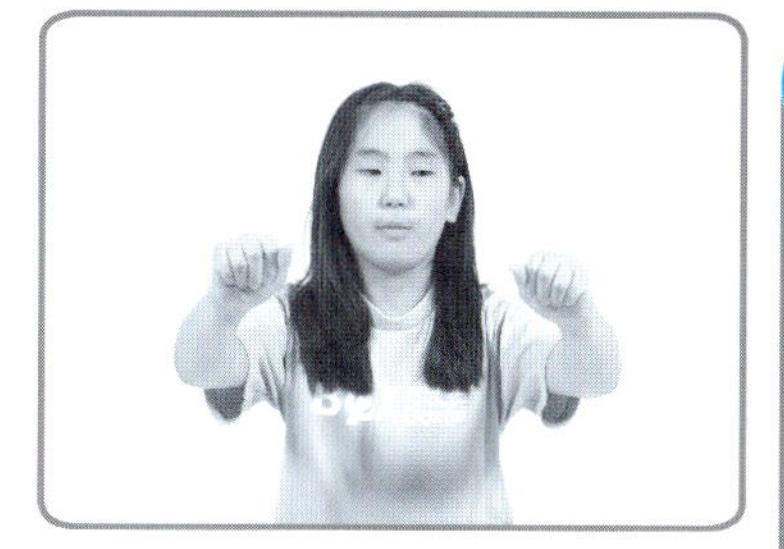

両手の中に1枚ずつ丸めた紙を持つ

両手をどちらも動かし、紙を手から少しずつ出して広げる

5本の指を総動員して、全体のしわを伸ばすようにする

難易度アップ

眼を閉じてチャレンジ。紙を"指で見る"

紙がどんな形か（どのあたりが広がっているか・丸まっているか）を、指先の触覚や紙の重みで感じ取りましょう。

紙の形の変化を指先で感じよう

落とさないように！
NG！

Week 9
/2 スーパーマンのあかちゃん

めいっぱい伸び、めいっぱい縮む

回転してうつ伏せになるまでに体を伸ばし、仰向けになるまでに体を縮める全身運動。回転に気を取られたり変わる視界に惑わされたりせずに、体を最大限に縮め、最大限に伸ばす練習です。体の伸び⇕縮みの切り替えを覚えます。

1. 体を丸めて仰向けの“あかちゃん”のポーズをとる
2. 横に転がりながら体を伸ばしていく
3. うつ伏せになったときに体を伸ばした“スーパーマン”の状態になる
4. そのまま回転を続け、仰向けになるまでに元の姿勢に戻る
5. 逆回転もやってみる

まず二つのポーズがきちんとつくれるようになりましょう。転がるのが苦手な場合は、スーパーマンでゴロゴロして転がる感覚をつかませてあげてください。そのとき、体をちゃんと伸ばした状態をキープするのも忘れずに。

やってみましょう! トレーニング法

1 仰向けで丸まった状態から転がり、少しずつ体を伸ばしていく

仰向けで体を丸め、手足を縮めた姿勢からスタート

横に転がりながら少しずつ体を伸ばす

うつ伏せになったときに最大限体を伸ばした状態に

2 体が伸びたうつ伏せの状態から転がり続け、徐々に体を丸めていく

そのまま転がり続けながら体を縮めていく

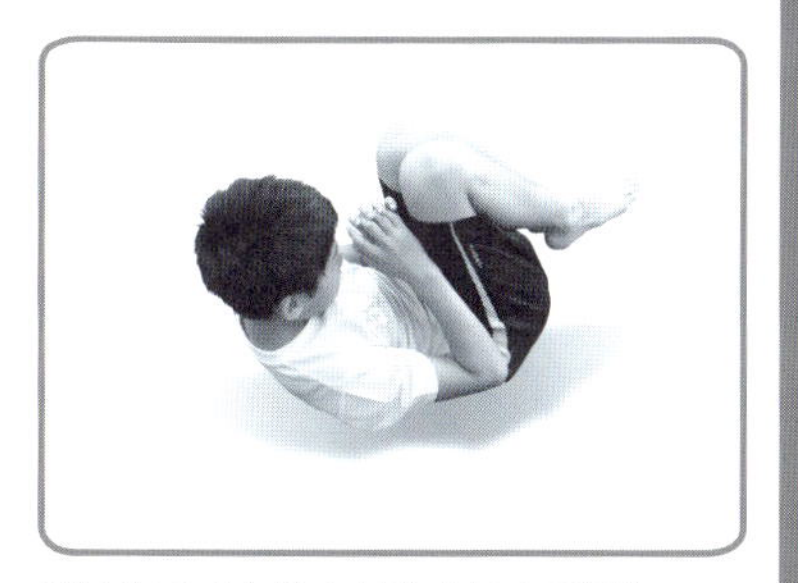

止まらず少しずつ手足も曲げて体に近づける

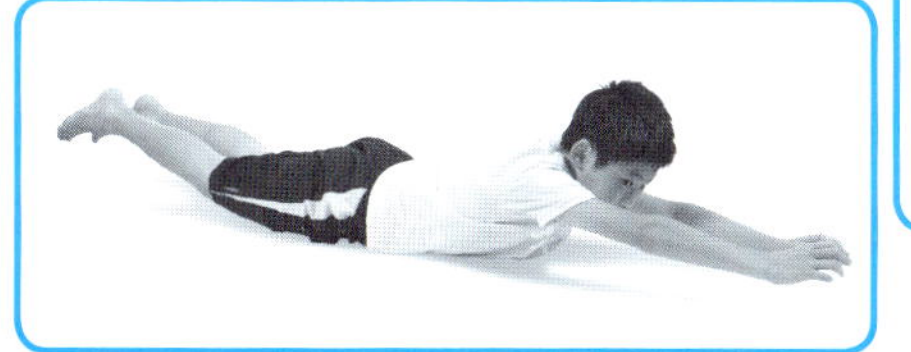

仰向けに戻ったときにいちばん小さい元の姿勢に

ポイント

姿勢を意識して体をコントロールする

"スーパーマン"は顔を上げ、足を浮かせて体を反らせた状態。"あかちゃん"は逆に背中を丸めて顔も内側へ。

スーパーマンはいちばん伸びて大きく

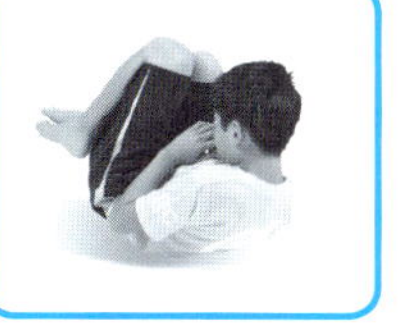

あかちゃんはいちばん小さくなる

Week 9
/3

ハイ&ロー ②スピード

トランプで遊びながら情報入力、処理、出力を高める

このトレーニングのねらい

トランプの「スピード」というゲームは、ビジョントレーニングにとても有効な遊びです。場に出ているトランプの数字を把握し、自分や相手が出した札にも目を配って手を動かすうちに、見て判断し、動く力がつきます。手先の器用さもアップします。

1. トランプを用意して黒マークと赤マークの組に分ける
2. 分けたカードを一組みずつ持ち、2人向かい合わせで座る
3. 裏を上にして持った手札から自分の前に4枚表向きに並べる（※これを「場札」）
4. 互いの場札の間のスペースに、手札から1枚ずつ、2人同時に表向きに出す（※これを「台札」）
5. 自分の場札の中に、出た台札の数に隣合う数があれば上に重ねて置く
6. 減った場札は手札から出し、場札は常に4枚にする
7. 4～6を繰り返し、先に手札がなくなった方の勝ち

台札と相手の場札も含めて10枚、場全体を広く見られるようになりましょう。このゲームが得意な子は、相手の場札まで把握して、自分が出すと相手につながってしまう札があればわざと出さないこともありますよ。

やってみましょう! トレーニング法

1 場札を4枚ずつ並べ、手札から1枚ずつ出す

各自4枚ずつ自分の前に場札を並べ、合図で真ん中に1枚ずつ台札を出す

2 自分の場札に台札につながる数があれば、上に重ねる

台札の数に隣合う数の場札を台札に素早く重ねる。相手の台札に重ねてもOK

3 減った場札を補充しながら、出せる場札がなくなるまで続ける

場札が減ったら手札から補充、また台札につながれば重ねていく。二人とも重ねる場札がなくなったら、再び同時に台札を出す

4 どちらかの手札がなくなるまで、①～③を繰り返す

相手より素早く出して手札を減らし、先になくなった方が勝ち。慣れたら利き手でない方の手でもやってみる

難易度アップ 場札を5枚、6枚と増やす

場札が増えると広い範囲に眼と手を動かすので、眼の運動や、眼と手を協調させるトレーニング効果がアップ。

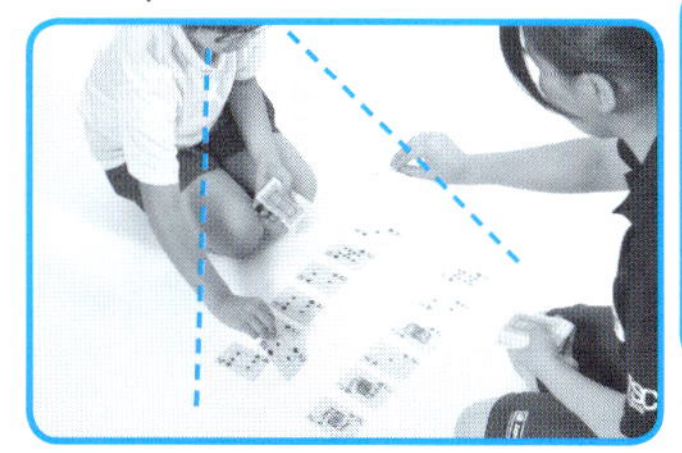

多くの情報処理が必要になって難しい!

Week 10 /1

ブロックストリング

両眼のチームワークを高める

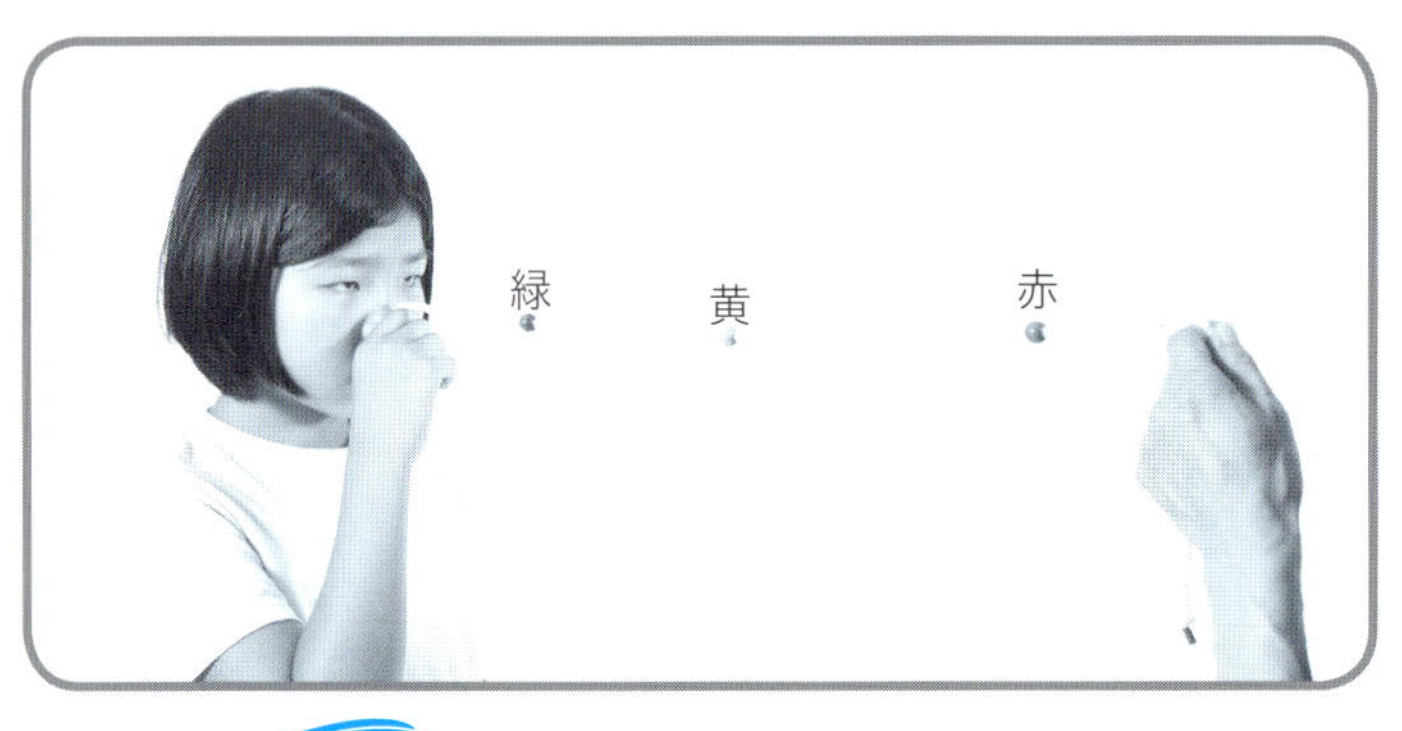

「ブロックストリング」を使って、遠くから近く、また遠くなどと、焦点を素早く切り替えます。正面だけでなく、あらゆる方向で遠近の焦点合わせを繰り返し、どの方向、どの距離でも素早くピントを合わせられるようにトレーニングします。

1. 「ブロックストリング」を用意
   (写真は約1.5㎝の3色のビーズを通し、顔から5㎝、20㎝、40㎝の位置に配置した1mくらいのひも。ビーズがするする動かないように注意)
2. 大人が片方の端、子どもがもう片方の端を持ち、向き合う
3. 大人は子どもの眼の高さ正面に手をキープ。子どもはビーズを遠くから近くへ赤→黄→緑と3秒ずつ見つめ、赤に戻って繰り返す
4. 逆に緑→黄→赤→緑…と、近くから遠くへを繰り返す
5. 大人の持つ手を左右、上下、斜め方向へ少し動かして同様の焦点移動を行う。少しずつ方向を変え、あらゆる方向で行う
6. ひもを持つ角度を少しずつ大きくし、焦点が合わせられる角度を外へ広げていく

常に焦点が合って、ビーズが一つに見えていなくてはなりません。お子さんに確認しながら、二つに見えたら手を少し正面寄りに戻してください。特に焦点が合わせづらい方向があれば、焦点が合うぎりぎりのところまで戻し、長めに見続けると強化できます。

やってみましょう! トレーニング法

1 眼の高さでビーズを3秒ずつ見る

緑が顔から5cmになるように持つ。いちばん遠い赤のビーズを両眼で3秒見る。その後、近くへ赤→黄→緑の順で3秒ずつ見て、赤に戻り繰り返す

2 大人の手を右や左、上や下に少しずらす

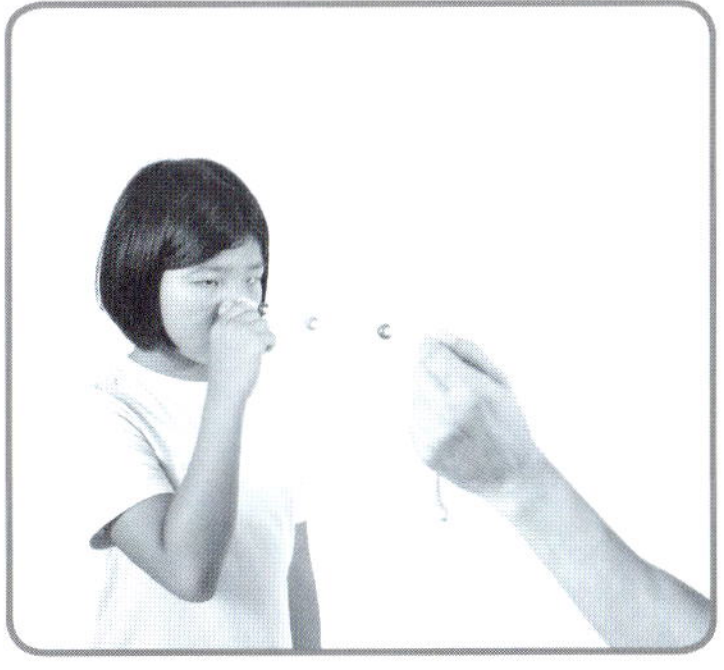
大人の手を正面から右・左・上・下に少しずらして、同様に焦点移動をする

3 大人の手を斜めにずらす

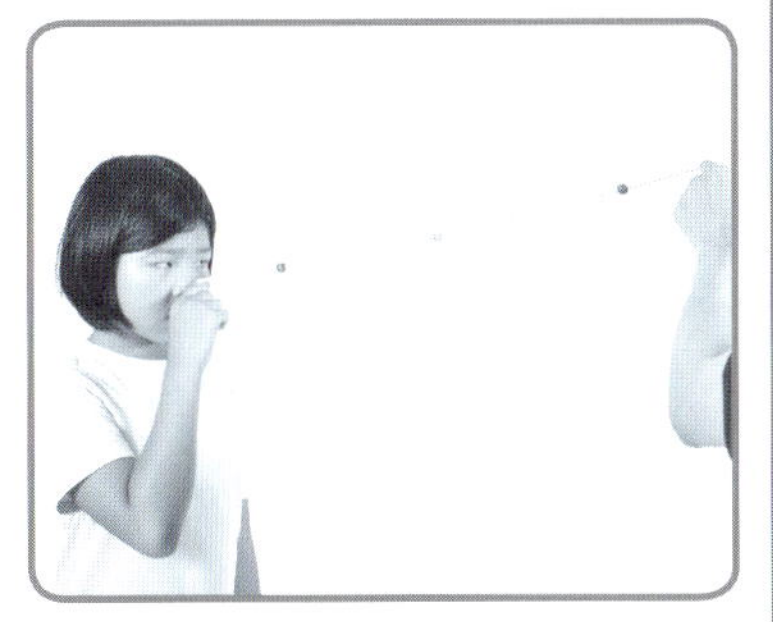
大人の手を正面から少し斜め(右方向、左方向の上方・下方)にずらして、同様に焦点移動をする

4 少しずつひもの角度を広げていく

大人がひもを持つ手を徐々に顔の正面より外側に移動させ、ひもの角度を大きくしていく

難易度アップ

ビーズをさらに顔に近づける

緑のビーズをさらに顔の近くへ。至近距離から遠くへの焦点移動を繰り返すと、焦点合わせの力がつきます。

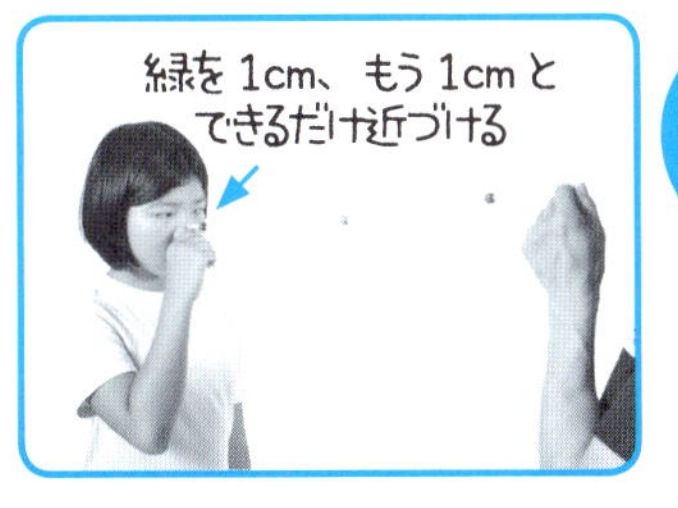

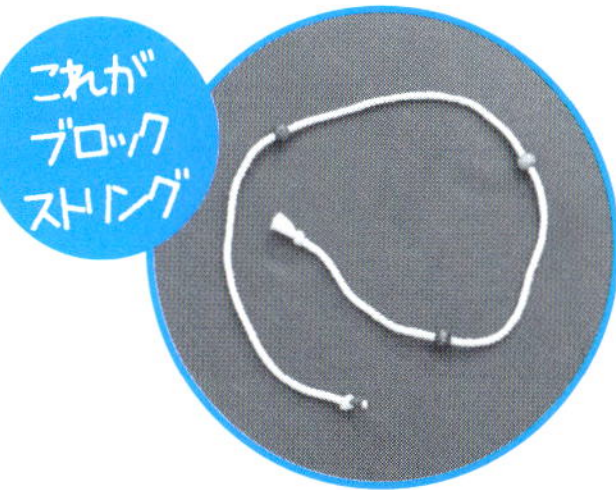

Week 10
/2

飛行機タッチ&ゴー

反動の力を利用して体を揺らす

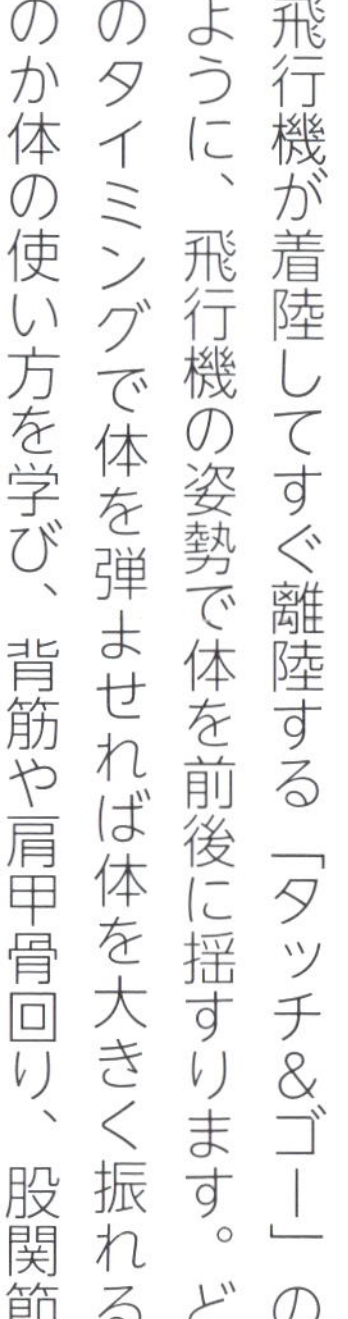
飛行機が着陸してすぐ離陸する「タッチ&ゴー」のように、飛行機の姿勢で体を前後に揺すります。どのタイミングで体を弾ませれば体を大きく振れるのか体の使い方を学び、背筋や肩甲骨回り、股関節周りの筋肉も鍛えられます。

1. 両手を広げてうつ伏せになり、
上半身と足を浮かせた“飛行機”の姿勢をとる
2. 上半身を起こして“離陸”
3. 下半身を上げて上半身を下ろし、“着陸”
4. 2～3を繰り返して体を前後に揺らす

体ができていないと少し難しいメニューです。基本の姿勢にならず足が落ちていたら、大人がひざの下に手を入れて軽く持ち上げるようにしてあげてください。意識する場所がわかって動かせるようになったりします。

やってみましょう! トレーニング法

1 うつ伏せで横になり両手を広げ、胸と足を浮かす

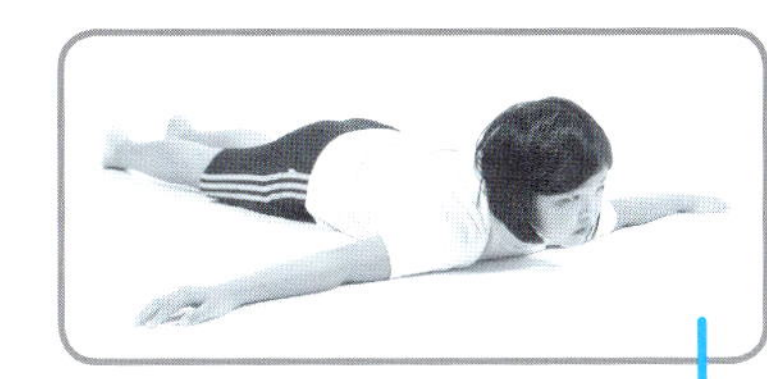

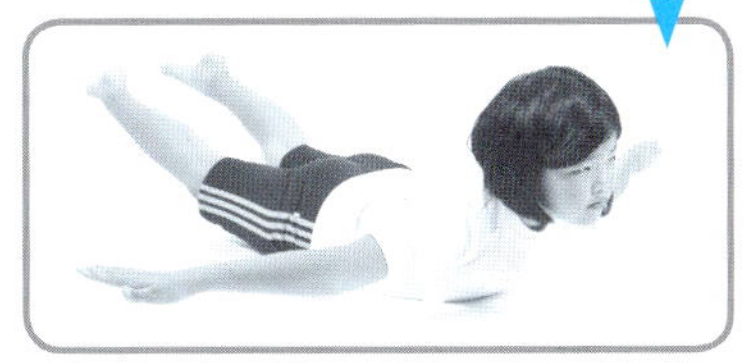

手足はきちんと伸ばし、顔は上げる。そして胸を持ち上げ、足を浮かす

2 上半身を持ち上げる

上半身を反らすように床から離す

3 下半身を持ち上げる

上半身を固定し、前に倒れるようにして下半身を反らす

4 ②~③を繰り返して前後に揺れる

下半身を下ろす反動を使って再び上半身を上げる。これを10回くらい繰り返す

ポイント 床につく体の面積を減らす

胸から上半身を持ち上げるようにして反り、足も上げた体勢が基本。下を向かず顔を上げましょう。

体が床につく面積が小さいと大きく揺れることができる!

Week 10 /3

手探りゲーム

手先の感覚を研ぎ澄ませて“手で見分ける”

たとえば指先でボールを制御する野球のピッチャー、ラケットを繊細に操る卓球選手など、指先の微妙な感覚はスポーツにも大切です。いろんなものに触る経験のない子が増えています。触って形をイメージする感覚を身につけましょう。

Step

1. 子どもが手でつかめるサイズの数字・アルファベットの型抜きスポンジなどを用意
2. 5～6種類の文字を大人と子どもがそれぞれ持つ
3. 大人が1枚を見せて、5～6枚が入った袋に混ぜる
4. 子どもは袋の中を見ず手探りで、見た1枚を探し出す
5. 今度は、大人が子どもの後ろに回り、文字を1枚手渡す
6. 子どもは手で形を判別して、自分の持っているものから同じものを見つける

お風呂の壁にくっつけるスポンジパズルなどが使えます。使えそうなおもちゃを探してみてください。感覚が鋭くなると、指先で注意深く探ったりせず、手の平に乗せて手で包み込んだだけで形がわかるようになります。

トレーニング効果 → 情報処理

やってみましょう! トレーニング法

1 大人から指定された文字を袋などから探し出す

大人が子どもに探す文字を見せる

関係ない文字も含め5～6文字入った袋から、中を見ずに探す

見つけた文字を出して眼でも確認

2 大人が手渡した文字を手で判別して選ぶ

大人は後ろを向いた子どもに文字を1枚手渡す

子どもは文字を触って手で形を " 見る "

子どもは自分の持っている文字から同じものを見つける

難易度アップ

二つ同時に認識する

二つの文字を同時に持って何なのかを判断。指の動きが制限されるので、さらに繊細な指先の感覚が必要です。

Week 11 /1

しゃくとり虫

体のサイズを知る「ボディイメージ」づくり

動きがぎこちなかったり、よくぶつかる子は、自分の体のサイズや動かし方を思い描く「ボディイメージ」を持っていないのかもしれません。この運動で体のサイズを知り、ボディイメージを高めると体を動かしやすくなってきます。

1. 四つんばいからひざを伸ばしたような姿勢になる
2. 手だけで４歩進む
3. 足だけで４歩進む
4. 繰り返す
5. ６歩、８歩など歩数を増やしたり、
   手と足の歩数を変えたりしてみる

ボディイメージがない子は１歩が大きすぎて、４歩目でつぶれてしまったりします。４歩で体が最大に伸びるように調整しましょう。体力もつき、数の概念も学べるため、世界中で行われているトレーニングです。きょうだいなどと競走するのもいいですね。

やってみましょう!

トレーニング法

1 四つんばいの状態からひじとひざを伸ばし、手だけ4歩進む

四つんばいの状態からひざとひじを伸ばした姿勢になり、手を交互に出して進む

足は動かさずに、手だけで4歩進む

2 手はそのまま足だけ4歩進む

4歩目で手はストップ。今度は足を交互に出す

足だけで4歩進む。これを繰り返す

ポイント

数の概念を体で覚える

歩数が少ないと1歩は大きく、多いと小さくなる。この運動で、数の大小といった概念も体で覚えられます。

手は4歩

足は8歩

手より多いな…1歩を小さくしなきゃ

Week 11 /2

虫とり

条件に応じて素早く正確に手を動かす

ボールをやさしい虫（ちょうちょ）とこわい虫（ハチ）に見立てて、ちょうちょならつかまえ（キャッチ）、ハチならたたき落とします（ヒット）。瞬時の判断で繰り返し動くことで、眼と手がスムーズに連携するようになります。

Step

1. ボールをいくつか用意
2. 大人と子どもは距離をとって向かい合い、子どもは両手を出し、足を肩幅程度に開き基本の構えをとる
3. 大人が「ちょうちょ」か「ハチ」の指示を出しながらボールを投げる
4. 子どもはちょうちょならキャッチし、ハチならたたき落とす
5. 次々と来るボールを判断しキャッチかヒットを繰り返す

大人が口頭で指示を出すのではなく、2色のボールを使って「ピンクはちょうちょ」「黄色はハチ」などと先に色でルールを決めておくやり方もいいでしょう。色での判断が増えて眼と手の連携をさらに強化できます。

やってみましょう！ トレーニング法

1 「ちょうちょ」の指示のボールはキャッチする

「ちょうちょ」のときは落とさずつかむ

2 「ハチ」の指示のボールはたたき落とす

「ハチ」のときはボールをはじくように落とす

3 次々と来るボールを指示の通りにキャッチ or ヒットする

ボールの行方をしっかり見て、スタンバイ

確実にボールに追いついて、間違えずにヒット

難易度アップ
右に来たら右手、左に来たら左手で処理

体の右側に来たボールは右手、左に来たら左手を使って、体の〝センター〟の感覚も養いましょう。

左に来たら左手でキャッチ

ちょうちょ

Week 11 /3

やじろべえ

体の傾きを感じて平衡感覚を養う

このトレーニングのねらい

体の「傾き」を感じてバランスをとり、平衡感覚を養うトレーニングです。眼と体でとらえた「傾き」を三半規管で処理して、バランスを保ちます。片足立ちでいろいろな方向に体を傾けて平衡感覚を刺激していきます。

Step

1. 両手を広げて片方の足を床から離し、体を前に倒していく
2. 体が床と平行になるようにしてキープ。逆の足も行う
3. 最初の両手を広げた姿勢に戻り、片方の足を再び床から離す
4. 浮かせた足と逆の軸足側に体を真横に傾けていく
5. 45度まで体を倒し、やじろべえのポーズをとる。
   この体勢で５秒キープ
6. できたら 10秒など時間を延ばしていく。左右同様に行う

いきなり体を傾けるのが難しいときは、片足立ちになって浮いた足を曲げて片手でつかむ「フラミンゴのポーズ」を10秒程度キープできるように練習するといいですよ。やじろべえは、最初から45度を目指さずに、ゆるい角度から始めて少しずつ慣れていきましょう。

トレーニング効果→ 出力を高める

やってみましょう！ トレーニング法

1 まずは体を前に倒してバランスをとる

両手を広げて片足立ちから、体を前に倒していく。自分のセンターを探って、できるだけ体が床と水平になるまで倒す。10秒キープして逆の足でも行う

2 片足立ちから軸足方向へ体を傾けて〝やじろべえ〟

両手を横に広げて、片足を少しずつ上げていく

軸足側の真横に体をゆっくりと倒していく。45度の角度をめざす

体を倒しきったら5秒キープ。できたら10秒に。左右行う

ポイント

頭も体軸にそって傾ける

やじろべえは、顔も体と一緒に傾けますが、視界が斜めになるのに慣れない間は、顔は傾けずに床と垂直でOK。徐々に視界が変わってもバランスをとれるようになりましょう。

難しければ
顔は
まっすぐから

Week 12 /1

いろいろお手玉

大きさ・重さに応じて“玉”を上手に操る

大きさや重さの違うお手玉やボールでのお手玉は、玉によって落ちてくる速度が違うのでキャッチするタイミングも変わり、投げ上げに必要な力加減も変わってきます。少し難しい分、情報処理も眼と手の連動も高度に鍛えられるメニューです。

1. お手玉やカラーボール、大きめのボール、バドミントンのシャトルなどの“玉”を数種類用意
2. どれか２個を両手に持ち、片方の玉を投げ上げる
3. 投げた玉が空中にあるうちに、もう１個を投げる手に渡す
4. 空いた手で落ちてきた玉をキャッチ
5. ２～４を繰り返す

片手の投げ上げキャッチや、同じボールでのお手玉などでウォーミングアップしてから始めるといいですね。頭より高く投げ上げるのがルールです。軽いものが高く、重いと低くなったりせず一定の高さで投げましょう。

やってみましょう！ トレーニング法

1 重さの違う〝玉〟でお手玉遊び

お手玉を頭より高く投げ上げる

お手玉が空中にあるうちにボールを投げる手に移動

ボールを投げ上げ、すぐにお手玉を投げる手に移動。繰り返す

2 大きさの違う〝玉〟でお手玉遊び

小さいボールを頭より高く投げ上げる

大きいボールを投げる手に移動し、小さいボールをキャッチ。大きいボールもスムーズに受け渡すように注意する

大きいボールを投げ上げ、すぐ小さいボールを移動。繰り返す

発展 いろいろな〝玉〟を使ってみよう

落ち方が特殊なものや、つかむ場所が難しいものなどを使って、眼と手の連動をアップさせましょう。

変な形のボール

ボールとシャトル

Week 12
/2

手押し車

手で体を支えて進み、体幹を鍛える

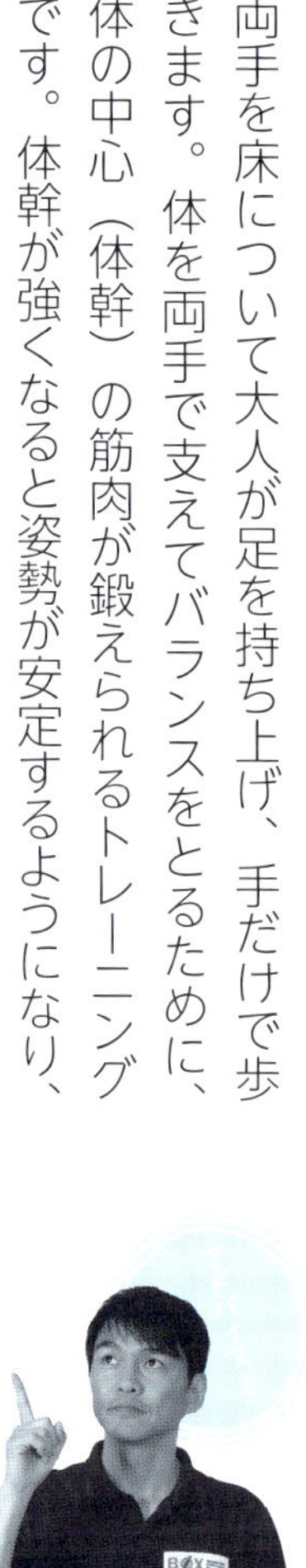

両手を床について大人が足を持ち上げ、手だけで歩きます。体を両手で支えてバランスをとるために、体の中心（体幹）の筋肉が鍛えられるトレーニングです。体幹が強くなると姿勢が安定するようになり、バランスの良い体になります。

1. 子どもは両手を床について四つんばいになる
2. 大人が足を持ち上げて支える
3. 床についた左右の手を交互に前に出して進む
4. 障害物を越えて進む

お腹に力を入れて、できるだけ体が一直線になるようにしましょう。体幹がまだ弱い子は、足首を持つとグラグラ不安定になります。できない場合は、腕立て伏せのような状態のまま歩かずにその姿勢をキープすることから始めてください。

やってみましょう！ トレーニング法

1 両手を床について足を持ってもらい、手で歩く

四つんばいの姿勢から、大人が足を持ち上げる

左右の手を交互に出して前に進む。大人は足を支えてついていく

2 片足だけの支えで進む

大人が右足の支えを離しても、足が下がらないようまっすぐ保つ

その姿勢を保ったまま、手を左右交互に出して歩く。反対の足でも行う

難易度アップ

障害物を乗り越える

安定して歩けるようになったら、低めの障害物を乗り越えて歩きます。徐々に高くしていきましょう。

Week 12 /3

ビジョンゲート

眼を動かし情報を処理しながらぶれずに歩く

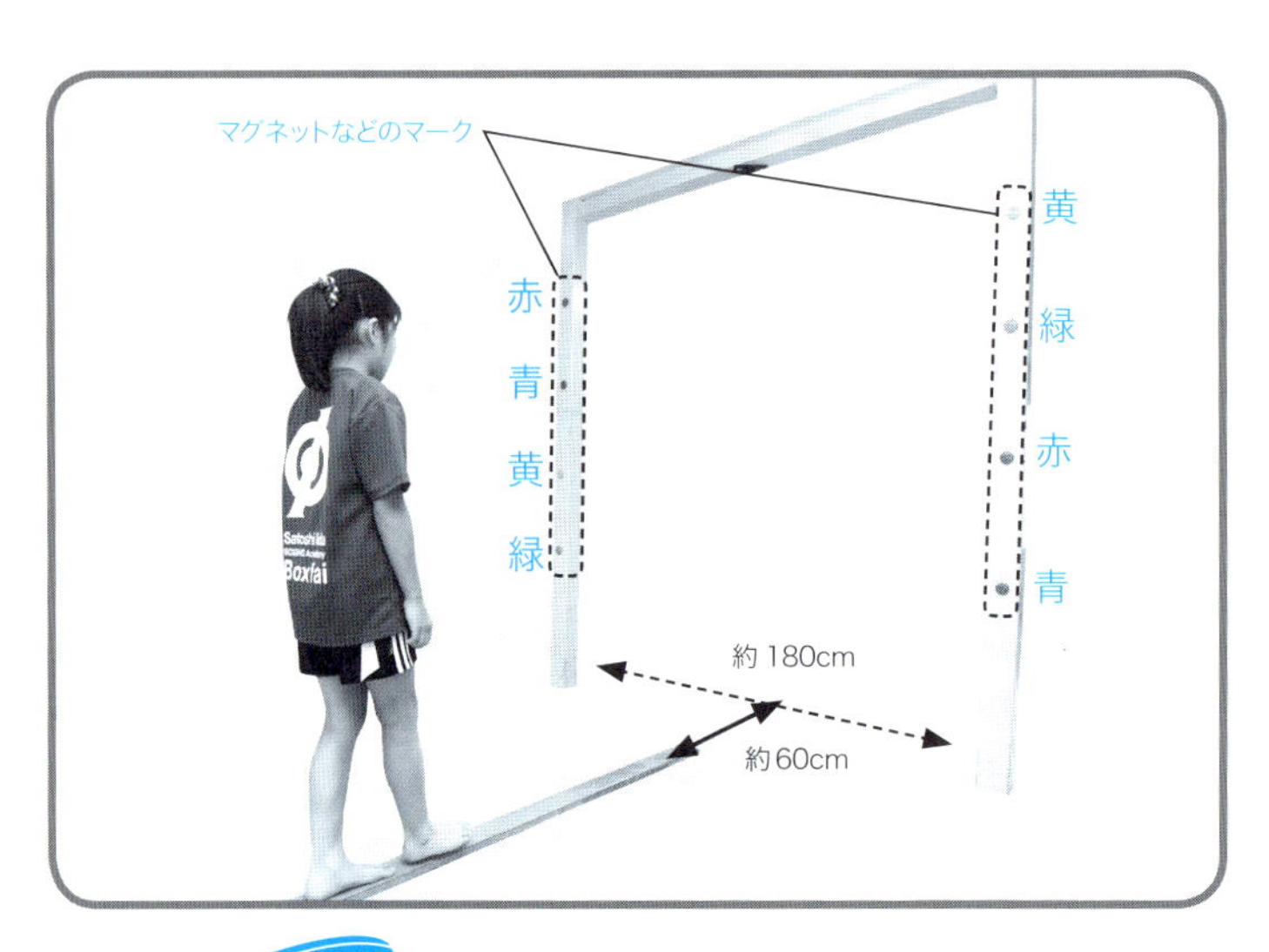

このトレーニングのねらい

マークをつけたゲート（門）に向かって歩くようなメニューです。眼球運動をしながら色を見分ける情報処理をしつつ、一本橋を歩いてセンターをキープ。盛りだくさんですが、3ヶ月の集大成として挑戦してみましょう。

1. 幅6～8㎝(写真では幅6㎝)、長さ1．8mくらいの板と色の違うマグネットなどを8個用意
2. 柱や壁などにマグネットなどのマークをつけ、その手前、マークの真ん中に板を置く（写真では1．8mの柱の間、60cm手前）
3. マークを左上から左右、1段下がって左右…の順に見て眼球を動かし、その色を声に出しながらゲートに近づいていく
4. 右下まで見たら左上に戻って同様に繰り返す。板の端まで渡る

歩くのはゆっくりでOK。ふらつかないことのほうが重要です。眼はできるだけ速く、スピードを上げていきます。繰り返し声を出していると色の配置（順番）を覚えて見なくても言えてしまうので、配置を時々変えましょう。

やってみましょう！ トレーニング法

1 マークを両眼で見て、色を声に出しながらゲートに近づく

板の上を歩きながら、両眼でマークを見て色を声に出す

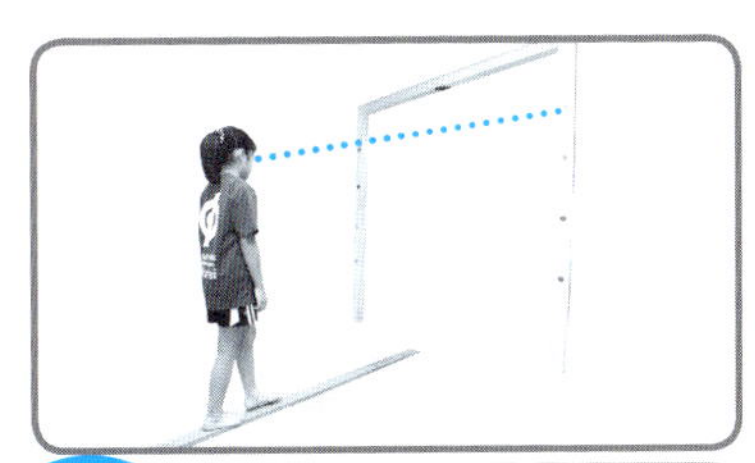

左右交互、上から下へ視線を移動させながら、少しずつゲートに近づく

2 眼をしっかり動かしながら、ゆっくりそのまま渡り切る

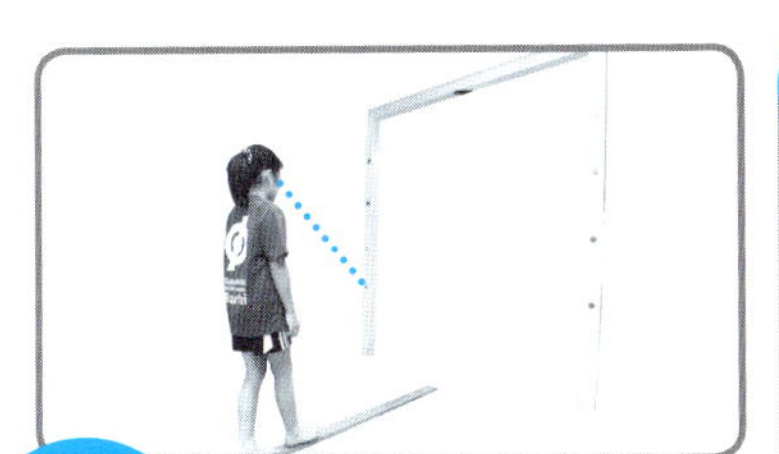

頭を動かさずにさらにゲートに向かう。眼はできるだけ速く動かす

手でバランスを取ったりせずに端まで歩く。眼だけを動かし、声もきちんと出す

ポイント

近づくほど、頭を動かさないことを意識

ゲートに近づくと眼を動かす角度が大きくなるので、顔をそちらに向けて動かさないように注意しましょう。

ゲート　板

ゲートに近づくほど、眼を動かす角度が大きくなる

ビジョントレーニングでこんなに変わった！ ③ 発達

コミュニケーションが円滑に

ビジョントレーニングで劇的な変化をとげた、とても印象深い生徒さんがいます。

小学校1年生で初めて教室に来たときは、意志の疎通ができませんでした。話しかけても返事をしてくれず、独り言を言って自分の世界にこもっているような状態でした。発達障害と言われていたそうです。

でもあるとき、こちらの言葉に反応してくれた瞬間を感じました。働きかけに答えようとはしてくれていないけれど、理解しているみたいだ！　そこで、グループレッスンに入ってもらいました。最初は本能的にまねさせるところから始め、とにかくまねして一緒に動くように導いたところ、どんどん変わっていきました。教室でのルー

コラム

ルを覚えてレッスンに参加できるようになって、2年生くらいから少しずつ会話ができるようになっていきました。5年生になる頃にはコミュニケーションも普通にとれるようになり、6年生になると、教室でトップになれるメニューも出てくるほどになったのです。

生まれたときに身体的な障がいもあったそうですが、教室で眼を使い、体を動かしているうちに体もどんどん大きくなって、今では元気に高校に通って大学を受験すると聞きました。

発達障害と診断される子どもには、見る力の弱い子が多いことがわかっており、ビジョントレーニングはそういった子どもたちの発達にも効果を上げています。

私の考える「究極のビジョン能力」は、「相手の頭の中で描いていることをイメージして映像で描ける力」。つまり、相手の立場に立てるコミュニケーション力だと思っています。

Week 9
～
Week 12

トレーニングを続けるコツ 4

オリジナルトレーニングを作る

継続の最大の危機はお子さんが飽きてしまったときではないでしょうか。本書にはたくさんのトレーニングメニューをご紹介していますが、トレーニングの主旨さえしっかりご理解いただければ、アレンジしていただいてもかまいません。お子さんの好きなことやご自宅の事情などに合わせてオリジナルトレーニングを作って、飽きないような工夫をしてあげてください。

6章 グループトレーニング

Group Training

友だちやきょうだいと行って見る力を高め合えるメニューです。
スポーツチームのトレーニングに取り入れるのにも適しています。

Group /1

宝探し

色や形を把握し、イメージしたものを見つける

何かを見つけるには、まず物の形や色、大きさなどを把握しなくてはなりません。そして、違う角度から見た姿のイメージ力や、「この場所にあの大きさが入るかな」などと想像する力も必要です。大人が隠したものを探しながら空間認知力を養います。

Step

1. 大人が宝物をいくつか用意
2. 子どもはその宝物を良く観察する
3. 大人が宝物を隠す
4. 子どもは宝物を探す
5. 宝物をたくさん見つけた人の勝ち

見慣れた人形でも、たとえば真上から頭のてっぺんしか見えていなければ人形だと認識できないこともあります。色や形の記憶が試されるゲームです。みんなが楽しめるように、子どもたちの眼の高さを考慮して隠す場所を工夫してあげてください。

やってみましょう! トレーニング法

1 宝物を良く観察して覚える

隠す"宝物"を良く見て記憶。人形などを入れてもOK

2 宝物隠しタイム

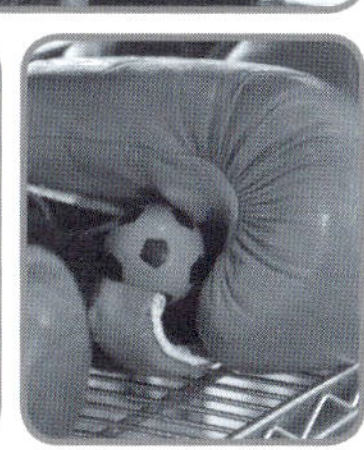
同系色に紛れ込ませるなど一部を出して隠す。子どもは見ないで待つ

3 宝物を探す

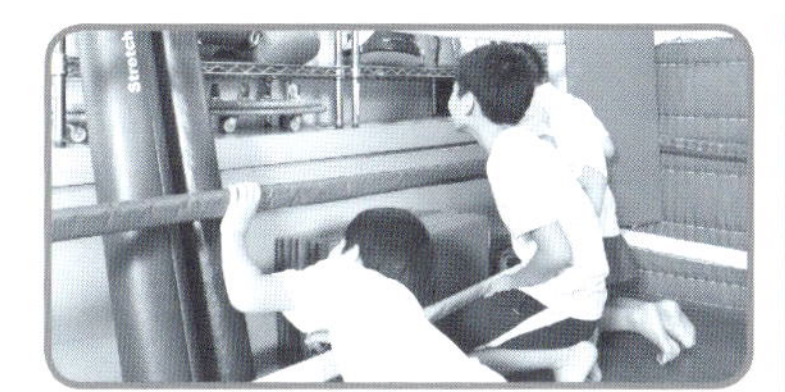

探すときにものを動かさないのがルール。ものに触らずに体を動かしていろんな角度から探す

4 多く見つけた人の勝ち

想像力を働かせてたくさん動くのが勝つコツ

ポイント

隠す高さや見える部分を工夫する

空間を見て子どもたちが「ここなら隠れそう」とか「下からなら見えそう」など、想像することが大切です。

Group
/2

いろいろキャッチボール

広い視野で両手同時にキャッチ、スロー

ボールをキャッチするには、飛んでくるボールの速さや自分との距離、大きさや重さを良く見て判断し、それに応じて手や体を動かさなくてはなりません。2個違うボールを操ることで視野を広く持ち、両手を独立させて動かすトレーニングです。

Step

1. 大きさ、形、重さの異なるボールやお手玉、バドミントンのシャトルなどを用意する
2. 二人少し離れて向き合い、一人が両手に持ったボールを下手投げで投げる
3. もう一人はボールを落とさないようにキャッチして、投げ返す
4. ボールの軌道やスピードを変えて投げる
5. ボールの形や重さをいろいろ変えて投げる

二つ同時に飛んでくるボールを眼で追おうとすると、片方を見失ってしまいます。先に落ちてくるボールを見極めて、キャッチの体勢を整えましょう。できるようになってきたら、3個に挑戦。投げ手が3個を同時に放り投げて同様にやってみてください。

トレーニング効果 → 情報処理 出力

やってみましょう! トレーニング法

1 両手に持ったボールを相手の手元目指して投げる

投げ手は、相手の手元目指して投げる。二つが同時に届くようにしたり、バラバラに届くようにしたりする

2 飛んできたボールを良く見て、両手に一つずつ取る

受け手は、二つのボールの軌道を良く見て両方キャッチ

3 受け取ったら、投げ返す

投げ手が交代。ボールの重さや大きさに応じて力加減をコントロールし、相手の手元に投げる

4 キャッチ&スローを繰り返す

受け手は落とさないようにつかむ。①～③を何度も繰り返す。

ポイント

いろんな重さ・大きさ・形の組み合わせでやってみる

ボールの重さや大きさの差が大きいほど、投げる力の加減、落ちる速さのずれに合わせて取る難易度がアップ。

シャトルの方が先に来るように見えて…
ボールの方が速く落ちてきた!

Group /3

トンネルくぐり

狭い場所を通るときの体の使い方を覚える

友だちがつくったトンネルをくぐるメニューです。通るところが小さいほど体の動きは制限されます。子どもがつくった低い穴をどうしたらくぐり抜けることができるのか、体の使い方を考えて「メンタルボディマップ」を強化するメニューです。

Step

1. 一人が四つんばいになってつくってくれたトンネルをくぐる
2. トンネルの上をまたいで戻り、またくぐる。数回繰り返す
3. 友だちがブリッジでつくったトンネルをくぐる
4. 役割を交代する

狭いところを通るために体を小さくして腕を伸ばしたり、ひざを引き上げて足を動かしたりすることで、肩甲骨や股関節の柔軟性が高まるので、スポーツのウォーミングアップにもいいですよ。友だち同士のコミュニケーションも目的の一つです。

トレーニング効果 → 出力を高める

やってみましょう！ トレーニング法

1 友だちがつくるトンネルをくぐる

一人が四つんばいになってつくった"トンネル"をくぐる。低いのでトカゲのようになって通り抜ける

2 トンネルを乗り越えて戻る

トンネルをくぐり抜けたら、すぐ起き上がってトンネルの上をまたいで戻る

3 くぐる、またぐ…を数回繰り返す

10回繰り返すなど決めて、何度か繰り返す

4 役割を交代する

トンネルをつくる人とトンネルをくぐる人を交代する

アレンジ いろんなトンネルで挑戦

体の小さい子は、大きい子が通れるようにひざをつかないトンネルにするなど、形を変化させてみましょう。

仰向けに寝て両手を床につけ、体を持ち上げた"ブリッジ"のトンネルにも挑戦！

Group /4

ことばクイズ

聞いた言葉を映像にして記憶する

いくつかの言葉を映像で覚え、イメージする力を高めるゲーム感覚のメニューです。バラバラの状態では覚えづらい言葉も、映像に置き換えてよりリアルにイメージすると覚えやすくなります。楽しい物語を作って動画でイメージするように導きましょう。

1. 大人が5個～10個の言葉を用意し、ゆっくり読み上げる
2. 子どもは、その言葉を覚える
3. 大人が「○番目は何だった？」「言った言葉は何？」などと問題を出し、子どもが答える
4. 言葉の数を増やすなど難しいバージョンにしていく

「ブランコに乗ってたらかみなりが鳴って…」というふうに、物語を作って映像でイメージすれば、時間が経っても覚えていられます。お風呂に入るときに言葉を提示して、上がるときに言わせるなどもいいですね。

トレーニング効果→ 情報処理

やってみましょう！ トレーニング法

1 大人が言う言葉を子どもは映像でイメージして覚える

大人は言葉をゆっくり聞かせる。子どもはストーリーを作りイメージ化する

2 クイズがわかった人は手を挙げる

大人は提示した言葉を問う問題を出す。子どもは素早く記憶を引き出す

3 答えを耳打ちする

ほかの子に聞こえないように答える。合っていたら上がり

ポイント

言葉の数や選び方・並べ方で難易度が変化

つながりを連想しやすい言葉は簡単。同じ5個の言葉でも順番を変えたり、間に言葉を加えて数を増やすと難しくなります。徐々に挑戦させましょう。

覚えやすい出題（言葉）

身近なもの
固有名詞
ストーリー性を想像しやすい順番

覚えるのが難しい出題（言葉）

見慣れないもの
動詞・形容詞
脈絡のない順番

Group

/5

しっぽ取りゲーム

背後を意識して機敏に体を動かす

タオルなどをズボンの背中側のゴムにはさんでしっぽに見立て、互いに取り合うゲームです。背後のしっぽを取られないように周辺視野で相手の動きを察知し、かわしながら動き回って機敏な身のこなしを体得すると同時に、体力もつけていきます。

1. タオルやハンカチなどを用意する
2. しっぽのように、ズボンの背中側のゴムにはさんでおしりにたらす
3. 自分のしっぽを取られないように気をつけながら、人のしっぽを取る
4. さまざまなルールでやってみる

ゲームを行うエリアを狭くすることで敵との距離が近くなり、周辺視野を使って敵を見なくてはならなくなります。また、自分の背後を守るために素早く体の向きを変える“身のこなし”がより必要になります。効果を上げるため、エリアは広くしすぎないよう注意。

トレーニング効果 → 出力

やってみましょう! トレーニング法

1 全員がしっぽをつけて生き残り戦スタート

決められたエリア内で、おしりにつけた自分のしっぽを守り切る

2 人のしっぽを取る

攻撃が最大の防御。うまく背後に回ってしっぽをゲット

3 取られないようにしっぽを守る

ひざを曲げ、腰を落として巧みに方向転換して逃げる

4 取られたらゲーム終了

一瞬の隙が勝敗を分ける。取られたらエリアから出る

アレンジ 男女対抗戦で盛り上がりMAX

2組に分かれて戦ったり、一人だけがしっぽをつけてみんなで狙うなど、さまざまなルールで楽しみましょう。

男子対女子がいちばん燃える!

負けた…
女子チームの勝ち!

Group
/6

馬跳び

障害物を跳び越える全身運動

友だちの背中を跳び箱のように跳び越えます。助走からの移動で景色が目まぐるしく変わり、跳ぶ瞬間には体が傾くので、視覚情報の変化への高い対応力が必要です。さらに、跳び越えるための腕の力やジャンプ力など、あらゆる運動機能が鍛えられます。

1. 二人組みになり、一人は自分の足首辺りをつかんで相手の腰くらいの高さに屈んで、"馬"になる
2. もう一人が、助走をつけて馬を跳び越える
3. 交代しながら繰り返し跳ぶ
4. 着地をしっかりきめてその後すぐに振り返って繰り返し跳ぶ、高さを上げるなど、難易度を上げる

跳び箱が苦手な理由には、助走の距離がつかめないこともありますが、跳ぶ瞬間に体が斜めになり三半規管の傾きにパニックになって、体を動かせていない場合があります。P46「大仏」など回転系のトレーニングが跳び箱の上達に役立つこともありますよ。

やってみましょう！ トレーニング法

1 “馬”との距離を見極めて助走し、跳び越える

助走のときに距離感をつかめるかも重要。適度な距離でスタート

馬の背中に手をしっかりつき、ぐっと体を引き寄せて跳び越える

2 いろんなバリエーションで繰り返し跳ぶ

助走が苦手な場合はあまり助走をとらず、跳びやすい高さから始める

「着地までしっかりきめる」ルールを追加。さらに、着地後すぐ振り返って繰り返し跳ぶと、三半規管のトレーニング効果も

難易度アップ
高さを上げて限界に挑戦

低すぎても跳びづらいので注意。いちばん跳びやすい高さで始めて、少しずつ馬を高くしていきましょう。

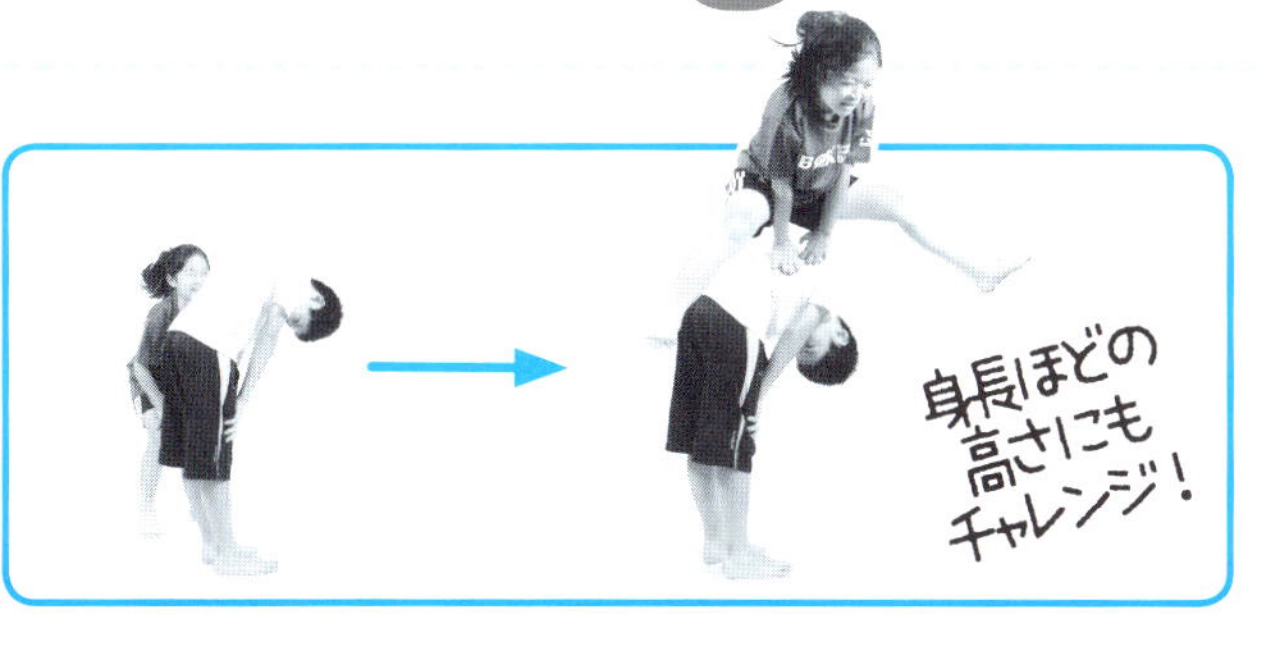

Group /7

ボールコントロール

体の力を加減して、ボールを落とさずコントロール

ボールを二人の手や足、頭などではさんで、落とさないようにキープするトレーニングです。皮膚から伝わる微妙なボールの移動を瞬時に感じ取り、落とさないように自分の体を適切に対応させる中で、体のコントロール力が身につきます。

1. やわらかいボールを用意し、二人組みになって向かい合う
2. しっかり開いた手でボールをはさみ、落とさないように支える
3. 一人が手を動かす。もう一人はボールが落ちないように手を動かしてついていく
4. ボールを動かす役目を交代しながら、おでこ、背中、足の裏同士でも同様に行う
5. ボールを二人の体のいろんなところではさんで支えながら移動する

使うボールは、はさむ力をゆるめてもすぐに落ちないくらい、ある程度柔らかいものがいいでしょう。ボールがふわっと離れていく感じ、または押される感じを敏感に感じ取って、落とさないためには自分の手や足をどう動かしたらいいのかを体で覚えましょう。

トレーニング効果 → 出力を高める

やってみましょう! トレーニング法

1 二人の手ではさんで落とさずキープ

二人同じ手ではさんで持つ。一人が手を前後や上下左右に少し動かし、もう一人は落とさないようについていく

2 おでこではさんでコントロール

ものに触れる機会の少ないおでこは特に、ボールの感触に神経を集中し、体全体を使ってコントロールする

3 背中ではさんだボールをコントロール

背中合わせになって、背中で同様に、一人が動いてもう一人がついていく。見えないけれど感触を頼りに落とさない

4 足の裏でコントロール

同じ側の足ではさむ。足を上げた状態に疲れて力をゆるめないように注意して、円を描くなど動かしてみる

難易度アップ

ボールを背中ではさんで落とさずに移動

背中でボールをはさみ、相手の体が離れたら自分が押すようにし、力を釣り合わせてゴールまで運ぶ。

一人が下がったら、一人は上から押さえる

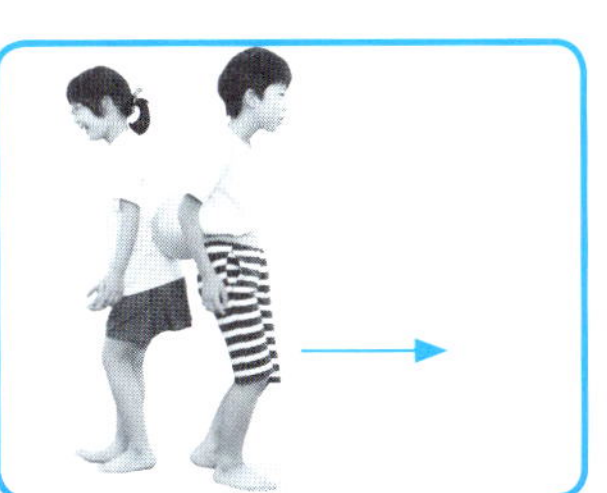

Group /8

アンカースピン

「腰がすわる位置」を覚え体の軸を安定させる

二人で1本のロープを引っぱったり、ゆるめたりして、相手を動かしたら勝ち。力や反射神経だけでなく、相手の動きに合わせてかけ引きしなくては勝てません。体が安定する位置を探り、あらゆるスポーツの基礎となる「腰のすわり」を体得します。

Step

1. 3mくらいのロープを用意する
2. 二人組みになり、二人の距離を1mくらい空けて向かい合って立つ
3. ロープがSの字を描くように一度体の後ろに通して、二人とも同じ側の手で持つ
4. 足を肩幅に開き、ひざを軽く曲げて構える
5. ロープを互いにひっぱったり、ゆるめたりする
6. 相手を1歩でも動かせば勝ち

眼と体全体を使うトレーニングです。かけ引きでは、眼と体で相手の動きのタイミングを読むことも重要。逆に、その心理を利用してフェイントをかけてもいいですよ。バランスを崩されても、踏みとどまれる腰の位置がわかれば強くなります。

トレーニング効果 → 出力

やってみましょう！ トレーニング法

1 肩幅に足を開き、腰を下ろして構えてロープを持つ

ひじを自然に曲げて右手でロープを握る。ロープはピンと張ってたるまないようにする

2 ロープを引っぱったりゆるめたりしてかけ引きする

スタートの合図で、ロープを引っ張ったりゆるめたりする。引っぱると相手は前へ、ゆるめると後ろにいく。腰のロープに伝わる力を感じ、引っぱられたときにゆるめるなど、かけ引きする

3 体も動かして相手を一気に崩す

引っ張られたときに体をそらしてバランスを取ったり、引っ張ると同時に背中も後ろに出して一気に引っ張ったりと、手だけでなく体も使う

4 相手の足を動かしたら勝ち

負けた…

相手の動きを利用してバランスを崩させるのが勝負のカギ

導入編

ロープを使わず「手押しずもう」で勝負

ロープがなくても、手と手を合わせて押したり引いたりする「手押しずもう」でも同じトレーニング効果が。

あとがき

「このままでは、日本の将来が危ない」

私の息子たちが通っていた小学校の運動会へ行ったときのことです。体の動きがぎこちなく、つまずいて転ぶ子や、列からはみ出していることに気づかない子が多くいることに驚きました。中には運動会の練習期間中にケガをして、松葉杖をついて見学している子までいたのです。

現役時代にビジョントレーニングをやっていた私は、こうした子どもの動きや不注意の原因の一つに、眼が上手く使えないこともあると気づき、さっそく近所の子どもたちを集めて、現在のボックスファイキッズの前身であるキッズ塾を始めました。２００４年のことです。私が子どもの指導を始めたのは、こうした危機感からだったのです。

その後、トレーニングプログラムを何度も何度も改良するにつれ、子どもたちにスポーツや学業で明らかな変化が見られ、親御さんから感謝の言葉をいただく機会が増えていきました。今ではボックスファイキッズの卒業生も増え、一期生はすでに成人して社会人になっています。

「高い視覚能力を身に着けることは、豊かな人生を切り開くこと」だと言っても過言ではありません。視空間認知力が上がれば周囲への気配りができるようになり、仕事でのケアレスミスが減ったり、場の空気を読んで適切な行動ができたりするようにもなっていくでしょう。イメージ力が高まれば、相手の言葉や仕草から、相手の頭の中のイメージまで鮮明に描くことができ、コミュニケーションも上手になるでしょう。さらに、自分の将来を具体的に描けるようになって、夢の実現に近づきやすくなるはずです。

ボックスファイキッズでは、6年生の最後のレッスンで卒業証書を渡すのですが、そこには、「卒業後もここでの経験を活かし、素晴らしい社会人になることを期待します」という私からの贈る言葉が書いてあります。子どもの教室とはいえ、私の視線は常に子どもたちの将来にあります。社会に出て困らない、活躍できる〝人づくり教室〟だと思っています。

見る力を鍛え、社会で幸せになる力を持った子どもが一人でも増えてほしい。その先には、きっと素晴らしい未来が広がっているはずです。

2016年12月　飯田覚士

【プロフィール】

飯田覚士（いいだ　さとし）

日本視覚能力トレーニング協会代表理事。元WBA世界スーパーフライ級王者。飯田覚士ボクシング塾ボックスファイ会長。

大学時代にボクシングを始め、在学中に「天才！たけしの元気が出るテレビ」に出演、注目を集める。1991年プロデビューし、94年にプロ無敗のまま日本チャンピオンに。その後、1敗1分を経て、3回めの挑戦で97年に世界チャンピオンとなる。2度の防衛後、99年に引退。

現役当時から、日本のアスリート向けビジョントレーニングの第一人者に直接指導を受け、自らのビジョン能力を上げるとともに、ビジョントレーニングセミナーにも数多く参加。引退後、それらの経験を活かしてビジョントレーニングと体幹トレーニングを融合させた子ども向けのオリジナルプログラムを開発。自身の息子の子育てにも取り入れながら、2004年に東京都中野区に『飯田覚士ボクシング塾 ボックスファイ』（http://www.boxfai.com/）を設立し、一般の子どもたちの指導にあたる。

ビジョントレーニングの普及とボクシング界の底辺拡大を目指し、イベントや講演活動、ボクシング解説、雑誌連載など、幅広く活動中。

装丁・本文デザイン ／ 木ノ下努

写真 ／ 勝又寛晃

イラスト ／ 栗原陽平

DTP ／上野秀司

編集 ／中原紫恵

制作 ／株式会社スターダイバー

おうちで簡単（かんたん）ビジョントレーニング

2016年12月20日　第1版第1刷発行
2019年12月27日　第1版第2刷発行

編　著　飯田覚士（いいださとし）
発行人　池田哲雄
発行所　株式会社ベースボール・マガジン社
〒103-8482
東京都中央区日本橋浜町2-61-9
TIE浜町ビル
電話　03-5643-3930（販売部）
　　　03-5643-3885（出版部）
振替口座　00180-6-46620
http://www.bbm-japan.com/

印刷・製本　広研印刷株式会社

Printed in Japan
ISBN 978-4-583-11065-3 C2075